洋洋兔童书
YoHare Children's Books

启航吧知识号

轻松读史记

秦汉名将

（西汉）司马迁 著　　洋洋兔 编绘

北京理工大学出版社
BEIJING INSTITUTE OF TECHNOLOGY PRESS

前言

《史记》是什么？很多小朋友会说：
"《史记》是一本关于古代历史的书，很厚很厚。"
"它是司马迁写的！"
"是我国历史上第一部纪传体通史！"

没错，《史记》是 2000 多年前由中国西汉史学家司马迁所写的史书，也是中国古代"二十四史"中最精彩的一部，是每个朝代都推崇的经典，是一部伟大的历史著作。

书中，司马迁用一个个人物故事讲述了**从上古传说中的黄帝到汉武帝元狩 (shòu)元年**（公元前 122 年），共 3000 多年的历史。司马迁是第一个用人物故事的方式记录历史的史学家，这种**"纪传体"**后来被很多史书所采用。

《史记》全书包括 12 篇**"本纪"**（帝王的政绩），30 篇**"世家"**（各诸侯和大家族的兴衰史），70 篇**"列传"**（重要历史人物的事迹）。为了方便阅读，司马迁还把历史上发生的大事写成 10 个大事年**"表"**，另有记录历代制度的 8 篇**"书"**。一共 130 篇，50 多万字。

因为司马迁做过汉代的太史令（官名），又被称为太史公，所以《史记》一开始被叫作《太史公书》。本来古代的史书都叫作"史记"，但因为这本《太史公书》太有代表性了，所以从三国时期开始，人们口中的"史记"便特指此书。

大文学家鲁迅先生曾夸赞《史记》是**"史家之绝唱，无韵之离骚"**，意思是"没有比这本更精彩的历史书了，甚至比得上古代大文学家屈原写的《离骚》"。

那么，这部伟大的作品里讲了什么呢？

里面有帝王的用人之术，将相的胜负、治国的智慧，英雄们的人生起伏。英国大哲学家培根曾说过："读史使人明智。"

让我们通过《史记》学习古人的处世哲学与智慧吧。你想知道我们的祖先是怎样生活的吗？古代的小孩子要不要上学读书呢？皇帝真的是高高在上吗？那时候的人是怎么打仗的？对于这些问题，司马迁都会用一种充满文采、生动有趣的方式告诉你。除此之外，司马迁还写了很多有意思的人，有为了治水十三年不回家的**大禹**、跟大王比力气被杀的**孟说**、临死前还想吃个熊掌的**楚成王**，有因为一碗羊汤就跟君主翻脸的**羊斟**，更有被爹妈取名为"黑屁股"的**晋成公**……这些人就像是戏台上的演员，尽心尽力地为我们表演一场又一场人生大戏。

《史记》中还总结出许多**名言佳句**，比如"大行不顾细谨，大礼不辞小让""桃李不言，下自成蹊""失之毫厘，差之千里""忠言逆耳利于行，良药苦口利于病""人固有一死，或重于泰山，或轻于鸿毛"等。这些都是历史的精华，包含了深刻的人生哲理，大家可以牢记于心，作为以后为人处世的准则。

嗯，嗯，我前前后后写了 13 年呢！

赶紧翻开这本书，让我们感受一下3000 多年波澜壮阔的中国历史吧！

［ 目录 ］

7 / **李斯列传**

李斯谏逐客 / 8

权宦赵高 / 13

19 / **魏豹彭越列传**

反复无常的魏王豹 / 20

江洋大盗，梁王彭越 / 25

32 / **黥布列传**

刘邦招降黥布 / 33

我要当皇帝 / 38

42 / 淮阴侯列传

胯下之辱 / 43

萧何月下追韩信 / 47

井陉口背水一战 / 52

潍水之战 / 58

当上齐王 / 61

淮阴侯之死 / 66

71 / 季布栾布列传

能屈能伸、敢说敢
做的季布 / 72

79 / 张释之冯唐列传

公正不阿张释之 / 80

冯唐的逆耳之言 / 85

88 / 李将军列传

智退匈奴 / 89

大汉飞将军 / 94

功过难评说的李陵 / 101

103 / 匈奴列传

匈奴的风俗 / 104

匈奴王冒顿 / 107

116 / 卫将军骠骑列传

从奴隶到将军 / 117

卫青威震匈奴 / 119

少年英雄霍去病 / 122

128 / 南越列传

赵佗建立南越国 / 129

赵佗归汉 / 130

造反失败的吕嘉 / 132

135 / 大宛列传

张骞通西域 / 136

李斯列传

李斯是嬴政的左膀右臂，辅佐灭六国、制定律法、立郡县的是他；勾结赵高伪造遗诏，拥立秦二世的人也是他。李斯本是一名杰出的政治家，却在一步走错后身败名裂。

李斯谏逐客

年　代
➤ 战国末年至秦朝

职　位
➤ 廷尉、丞相

特　点
➤ 政治敏锐、才智超绝

成　就
➤ 协助嬴政统一天下，极力主张实行郡县制，废除分封制

李斯（李斯）

　　李斯是楚国上蔡（今河南省上蔡县）人，年轻的时候曾在郡里当小官。他不甘于此。

　　有一次，他看到了厕所里的老鼠，只能吃脏东西，又瘦又小，见人或狗来就惊慌乱窜躲藏。他又联想起见到粮仓里的老鼠时，悠闲地吃着储粮，居住在大屋里度日，完全不用受人狗惊吓之忧。这境遇真是天壤之别，于是，他得出一个结论：一个人有没有出息，就像老鼠一样，在于能不能给自己找到一个好的地方！（《史记》原文：人之贤不肖譬如鼠矣，在所自处耳！）

于是，李斯辞官，**拜儒学大师荀子为师，学习帝王治理天下的学问**。数年后的一天，荀子问李斯："你现在学业有成，有什么打算？"李斯回答："现在各国争雄，正是实现抱负的时机。楚王没有抱负，不值得辅佐；其他几个东方国家又很弱小，各国诸侯中数秦国最强。人生在世，卑贱是最大的耻辱，穷困是最大的悲哀，一个人总处于卑贱穷困的地位，那是会令人讥笑的，不爱名利，无所作为，并不是读书人的本意。所以，学生打算去秦国寻求发展。"

李斯被秦相吕不韦所赏识，推荐给秦王做郎官。李斯向秦王进言："凡是干成事业的人，都必须要抓住时机。过去，秦国没有统一天下是时机还不成熟，但现在秦国力量强大，大王贤德，消灭六国如同扫除灶上的灰尘那样容易！现在统一天下，是万世难逢的最佳时机。如果现在不抓紧做这件事，等到诸侯再次强大起来，吞并它们就难了！"

建议先暗中派谋士带着金玉珍宝去各国游说，拉拢收买各国人才。能收买的，就多送礼物加以收买；不能收买的，就杀掉。接下来，再贿赂各国奸臣，离间他们的君臣关系，等内乱一起，我们就趁机出兵！这样就可以削弱各国实力，轻而易举地将它们攻下！"秦王大喜，封李斯为长史。

秦王听从了李斯的建议，在各国开始游说、收买、暗杀；同时，发动军队进攻各国。见这种计策果然奏效，秦王又封李斯为客卿。

不久，秦国因发现郑国渠的修建是韩国针对秦国的阴谋。当初，六国纷纷派间谍来秦国做官，秦国大臣对此早已痛恨不已。这时，借着郑国事件，大臣们纷纷组团要求秦王驱逐外来官员。因此，秦王发布了"逐客令"，要把非秦国国籍的人都赶出去。李斯也在被驱逐之列，很是焦急。

我不能让到手的功名轻易溜走，我要上书！

逐客令

于是，李斯给秦王写了著名的《谏逐客书》。文章是这样写的：

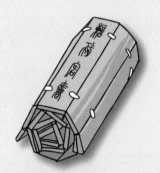

听说官员们议论要驱逐客卿，我自认为这是错误的。从前秦国也用了很多外籍人员啊，如由余、百里奚、蹇叔等，他们不是秦国人，而秦穆公由于重用他们才成了霸主。秦孝公用了商鞅，得以变法图强；秦惠文王用了张仪，拆散了六国联盟；秦昭襄王有了范雎，提高了朝廷的威望。这四位君主，都是依靠了客卿的力量。您拥有的昆山美玉——随侯珠、和氏璧、太阿剑、纤离马……就连美女和音乐也不全是秦国的。而您用人却不是这样，不问此人能用不能用，也不问是非曲直，只要不是秦国人，一律辞退。这样看来，陛下更看重珍宝、美女，而轻视人才，这并不是统一天下、征服诸侯的方法。我听说过，土地广阔所产粮食就丰富，国家广大人口就众多，军队强盛士兵就勇敢。所以，泰山不排斥泥土，才能堆积得那样高大；河海不挑剔细小的溪流，才能变得如此深广。而陛下这么做，让天下人才都不敢来秦国，这正是"借武器给敌人，送粮食给盗贼"，这不等于帮助敌国增加实力吗？

看完李斯写的文章后，秦王政果断地采纳了李斯的建议，取消了逐客令，并升李斯为廷尉。此后，在秦国统一六国的战争中，李斯不断地为秦王出谋划策，做出了很大贡献。

二十多年后，**秦统一中国**，结束了长期分裂的局面，建立起一个地域空前辽阔的伟大帝国，**秦王政自此称秦始皇。**

为了让国家此后不再有战争，秦始皇拆掉各国城墙，销毁民间武器，还废除了分封制，不再立皇帝的儿子、兄弟为王，更不把功臣封为诸侯，而**建立了以丞相为百官之长的中央集权制。大秦帝国的首任丞相正是李斯。**

权宦赵高

年代
➤ 秦朝

职位
➤ 中车府令、丞相

性格
➤ 政治野心家，擅长权术，心思缜密，手段极端

经历
➤ 主导秦始皇死后的权力过渡，促成胡亥即位，在秦二世胡亥执政时期掌握实权

赵高

秦始皇三十七年（公元前 210 年），李斯随秦始皇巡游天下，秦始皇病死途中。在二十多个皇子中，只有小儿子胡亥随行，还有丞相李斯、宦官赵高。此时，大儿子扶苏和将军蒙恬正驻守在北部边疆。但是，秦始皇写给扶苏的传位诏书和印玺都被赵高扣下了，而秦始皇去世的事情，也被瞒了起来。

为避免内乱，陛下去世的消息一定要保密。

李斯

若等公子扶苏回来，我还怎能有更多的富贵？

赵高怀有私心，想立胡亥为帝。于是，他先去说服胡亥："现在天下的权柄，就在您、我和李斯的手里掌握着。希望您好好考虑考虑：是驾驭群臣，还是向人称臣；统治别人，还是被人统治！做大事而拘于小节，日后必生祸害；关键时刻犹豫不决，将来一定要后悔。大胆敢为，鬼神避之，希望您按我说的去做。"于是，胡亥同意了赵高的意见。

说服了胡亥，赵高又去找李斯："现在诏书和印玺就在我们手里，立谁当太子，就是您我一句话的事。您怎么看？"李斯骂道："你这个乱臣贼子，这是要抄家灭门的！"赵高继续说："公子扶苏继位后，肯定会用和他关系好，功劳比您高，本事比您大，深受百姓拥戴的蒙恬为相。那时候您的身份就不保了。您听我的，保证享有荣华富贵，不听我的，别怪我让您祸及子孙。"

在赵高的怂恿下，李斯放弃了原则。他与赵高造了份假圣旨，立胡亥为太子，并伪造了一份诏书：公子扶苏和将军蒙恬抵御匈奴寸功未获，还屡次上书诽谤，现赐宝剑令二人自杀。

扶苏自杀身亡，而蒙恬不肯自尽，被关押了起来。李斯和赵高十分高兴，回到咸阳后立刻扶胡亥登基，是为秦二世。

赵高任郎中令后独揽大权，很多人因此而不服气，于是他就开始想办法铲除异己。一天，秦二世闲居无事，问赵高："我现在已经得到天下了，就想满足一切欲望，享受一切乐趣，并长久统治它，这个愿望能实现吗？"赵高一本正经地回答："我们在沙丘的密谋，其他公子和大臣已经有所怀疑了。我每天都战战兢兢，您怎么能尽情享乐呢？"秦二世听后吓了一跳，忙问怎么办。赵高说："先把犯法的和受牵连的人全部灭族！再铲除先帝旧臣，改用您信任的人。如果朝廷里都是您的人，您就可以高枕无忧，纵情享受了。"

于是，赵高利用严刑酷法，杀掉了许多忠臣和皇子、公主。之后，秦朝的法令刑罚一天比一天残酷，群臣上下人人自危，想反叛的人越来越多。秦二世继续建造阿房宫，修筑直道、驰道，赋税越来越重，兵役、劳役没完没了。百姓实在活不下去了，纷纷造反，其中最出名的是"陈胜吴广起义"。李斯看不下去了，多次进谏，可惜没什么效果。赵高怕自己在外面干的坏事传到秦二世的耳朵里，就劝他深居宫中，不要上朝。

就这样，赵高进一步掌控了朝廷，而天下已经大乱，只有秦二世蒙在鼓里。见李斯对他们越发不满，赵高又使了一奸计。他故意对李斯说："相爷，现在叛贼很多，陛下只顾享乐，我希望您能劝劝陛下。"李斯很无奈地说："我早就想说了，可现在陛下不上朝，我也没机会呀。"赵高假意帮忙，对李斯说："相爷，我会帮您打听的。只要陛下有空，我立刻通知您！"

陛下无心政事，我希望您能劝劝陛下。

陛下不上朝，我也没机会呀。

于是，赵高每次趁秦二世玩得高兴时，通知李斯来进谏，几次之后，搞得秦二世很生气："我空闲的时候丞相都不来。每当我休息的时候，丞相就来奏事。他是瞧不起我吧？"赵高借机向秦二世进谗言："相爷亲自参与了沙丘密谋，现在您称帝了，他的地位没有提高，他这是想当王呢。而且我听说他的长子李由身为三川郡守，经常和反贼有书信往来，这肯定是要谋反啊。"听了这话后，秦二世赶紧派人调查此事。

他每次都来破坏心情……

听说他和反贼有书信往来，这是要谋反啊。

李斯听说了这件事情，便上书揭发赵高的罪行，秦二世非但不信，反而把李斯交给赵高查办。李斯自认为能言善辩，又对秦国有大功，就在狱中上书，希望秦二世明辨是非。但赵高派门客冒充督使，严刑拷打李斯。李斯被迫认罪，全族被诛。李斯死后，秦二世让赵高做了丞相，大事小事都由他决定。

赵高自知权力过重，怕大臣不服，就给秦二世献了头鹿，称它为马。赵高将那些忠于朝廷，说是鹿的大臣一律找借口除掉。

不久，赵高又逼死了秦二世。赵高自己想做皇帝又怕众人不服，就找来子婴即位。子婴即位之后，设计杀死了赵高。子婴后来投降了起义军，可自己也被项羽杀死。秦朝就这样失去了天下。

平民出身，在灭秦的起义中成为一方诸侯，最后沦为阶下囚而被杀，经历如此大起大落人生的人在秦末汉初有两位，他们就是西魏王魏豹和西汉梁王彭越。

这一篇是魏豹、彭越的合传。他们极富军事才能，都曾掌管过魏地，有所不同的是多次叛变的魏豹被人唾弃，而英勇善战的彭越则是成为汉初名将。

魏豹彭越列传

反复无常的魏王豹

魏豹，原是六国时魏国的公子。魏豹的哥哥叫魏咎（jiù），乃是战国时魏国宁陵君。秦灭魏后，魏咎成了平民。

公元前 209 年，陈胜起义称王。魏豹跟随哥哥，顺应时代，投奔了起义军。后来，陈胜派魏国人周市，收复了魏国旧地。大家就想推举周市做魏王，但周市觉得只有拥立魏王的后代才能服众，他坚持要让魏咎当魏王，请求了五次后，陈胜只好答应。因原魏国都城大梁已成废墟，故魏咎定都临济（今河南省封丘县）。

好吧，那就让魏咎做魏王吧。

陈胜

不久，秦朝展开大反攻，败陈胜、杀周市，围住魏国都城。万分危急之际，**魏咎为了保全百姓，举火自焚。**

哥哥死后，魏豹毫不气馁，借来几千勇士，又夺回了魏国，并跟随刘邦和项羽大破秦军，因功被封为西魏王。

秦亡后，楚汉争霸。魏豹由于项羽在分封时夺了他部分土地，怀恨在心，就投靠了刘邦。结果，彭城之战，刘邦惨败，退守荥阳（今属河南）魏豹一看情况不妙，找了个回家探亲的借口，逃回封地。刘邦思前想后，又得防备东边的楚国，来不及攻打魏豹，就决定派人去劝回他。

于是，郦食其跑去见了魏豹。郦食其说："魏王，汉王没一处对不起您，您跟我回去吧……"魏豹却说："人生一世间，如白驹过隙……刘邦满口脏话，骂群臣如同骂奴仆，一点儿也没有上下的礼节，我是不想再忍耐，再去见他了。"

魏王，汉王请您跟我回去。

刘邦满口脏话，我不想再忍耐他了。

魏豹的背叛使刘邦大怒。刘邦为了消除威胁，派韩信率大军把魏豹围得水泄不通。**魏豹见大势已去，献城投降**，被押回了荥阳。刘邦爱惜魏豹勇猛，又怕失了魏国人心，就没有杀他，还让他和周苛驻守荥阳，自己带兵去迎战项羽。在楚军围攻荥阳时，十分讨厌魏豹的**周苛以"反国之王，难与共守"为借口杀了魏豹。**

再信你一次，我去打项羽，你给我看家！

您放心吧！

中国古代的城池

这一时期的城墙使用悬板夯筑的方法施工，就是用木头穿过两块平行的木板并用绳子固定，再用土填充中间的空间并夯实。

有些城墙也用大型土坯垒砌而成，且垒砌时上下交错，更增加了城墙的坚固度。

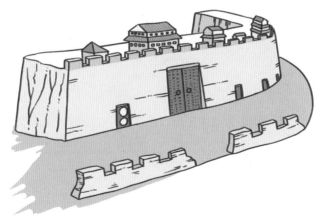

为了保护城池，城外会挖掘城壕，设吊桥。城壕内侧有防御用的冯垣（yuán）。在城门上会修建城楼，城墙上有作为掩体使用的女墙，城墙拐角处建角楼。较大的城墙上还有存放物资用的敌楼。

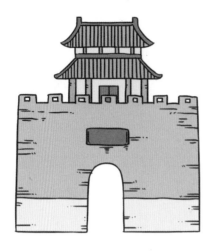

城最容易被敌人进攻的就是城门，除了第一道门之外，入城的道中还设有悬门。悬门用的是可以升降的木板门，其在第一道门被突破后，可以快速放下。

不过，即使突破了悬门也不可以掉以轻心，因为在悬门之后还有瓮城等着入侵的敌人。瓮城也称月城，是城门后一个由城墙四面圈住的小区域，进入这里的敌人会受到守军从四面八方发起的攻击。

江洋大盗，梁王彭越

年　代
➤ 秦末汉初

性　格
➤ 英勇善战

成　就
➤ 协助刘邦赢得楚汉之争

彭越，昌邑（今属山东省菏泽市）人，年少时在巨野泽以打鱼为生。后来，他聚集了一帮人，做了强盗。陈胜、吴广起义时，有人就鼓动彭越起义反秦。但彭越想看看形势再说。

救命啊！

别跑，留下钱财，保你不死。

追啊……

过了一年多，追随彭越的已有一百多人。经人多次劝说，彭越终于下定决心，他对大家说："好吧，举了旗就是军队，纪律可不能像当山贼的时候那么涣散！明天太阳出来的时候在这里集合，迟到的人杀头！"结果，第二天很多人迟到，最后一个人到中午才到。

面对吊儿郎当的众人，彭越生气地说："按照约定，迟到者斩！但今天迟到的人这么多，不能都杀了，就杀最晚到的那个。"彭越最终把最后到的那个人杀了。众人大受惊吓，害怕得都不敢抬头看彭越。

从此以后，彭越一路攻城略地，又收了千余人。刘邦攻打秦军到昌邑时，彭越曾率众前往支援。秦朝灭亡后，楚王项羽分封诸侯，却忘了队伍已经发展到一万多人的彭越。楚汉争霸时，彭越率众归附刘邦，因有勇有谋被封为魏王豹的相国，继续各地征战。他时常配合刘邦，在楚军后方进行游击战，打乱项羽的作战计划。

你真是智勇双全啊。

多谢夸赞！

刘邦

后来，刘邦叫彭越和他一起合力攻打楚军，彭越却推托起来。刘邦着急地问张良该怎么办。张良说："彭越功劳很大，之前您只封他做个相国。现在魏王豹死了，您只要答应以后封彭越为王，他自然会来。"

刘邦采纳了张良的计策，他们果然奋力而战，最终帮助刘邦打败了项羽。彭越也被封为梁王。

没想到，有一天可以称王。

汉高帝十年（公元前197年）秋，代地造反，刘邦亲自率军平叛，命彭越率军前来助战。彭越却称病，只派出手下将领带兵过去。刘邦很生气，派人责备彭越。彭越害怕，想去谢罪。他的部将劝彭越："大王当初不去，受了责备才去，去了就要被抓起来。不如趁势发兵造反。"

彭越没听从这个建议。后来，彭越的太仆得罪了彭越，彭越想杀了他。太仆就跑到刘邦那里，说彭越谋反。于是，刘邦派人逮捕了彭越，把他囚禁在洛阳。最终，彭越被废为平民，流放蜀地。

谁知，在流放的路上，彭越遇到了刘邦的老婆吕后，想让吕后为他向刘邦求情。吕后是这么求情的："彭越乃豪壮勇士，把他放走了，不是给自己留后患吗？日后他造反怎么办？我看，不如杀掉他。"刘邦觉得这话很有道理。

于是，彭越最终被杀，家族被灭，封国也被废除。

司马迁有话说

　　魏豹、彭越虽然往昔贫贱，但凭着沙场喋血，得以席卷千里土地，南面称王。不过，当他们被怀疑有二心时，没能杀身成仁，而是甘当阶下囚，便被杀戮。这种做法，平常人尚且感到羞耻，何况他俩还曾是一国之君呢。他们忍辱不死，是认为将来或许会有一线转机，能够再显身手，因此，宁愿被囚禁也不逃走。

知识驿站

中国古代的马车

从夏朝开始到清朝，人们都是以马车为主要代步工具的。

站着就是威风。

西汉初期人们讲究礼仪，马车多为站着乘坐的站乘式。

后来，人们逐渐想要更加舒适，改为坐乘式。中国古代的商人虽然富有，但是并不受尊重，不得使用马车，只能乘坐牛车。

比不上坐着舒服。

到底谁最舒服呢？

不过，到了两晋时期，人们逐渐意识到牛车稳而舒适，于是牛车又流行起来。

游击战始祖

梁王彭越虽然是绿林大盗出身，却是一名被后人敬仰的名将，他可以说是世界历史上第一个正规使用游击战的军事家。因为彭越出色的用兵技巧，他也和韩信、黥布一起被称为"汉初三大名将"。

"游击战"的精髓在于流动作战，是一种非正规作战的袭击手段。讲究合理选择作战地点，快速部署作战部队，合理分配作战兵力，精确把握作战时机和战斗后迅速撤离这几点。彭越正是使用这种方法在项羽部队后方持续骚扰他的。这使项羽不但要来回奔波于刘邦和彭越的部队作战，更严重影响了项羽部队的补给，所以张良把彭越视为刘邦战胜项羽的必要因素之一。

出身并不高贵的彭越在性格、处事方法上都有与刘邦相似的地方，所以在汉朝建立后所封的诸侯王中，他与刘邦的关系还是非常近的。他多次朝见刘邦，并与他喝酒议事。在韩信死后彭越惶恐不安，生怕触动了刘邦敏感的神经。不过，欲加之罪何患无辞，彭越最后还是被杀了，甚至被剁成肉酱，以警示其他诸侯王。

彭越虽然被处死，但他高明的作战理念却被刘邦保留了下来。《后汉书》中记载，刘邦在军中设游骑将军，将游击部队称为"游兵""游骑"和"游军"，在汉朝后来的军事作战中发挥了重要作用。

黥布列传

黥布即英布，他初为项羽帐下大将，后归顺刘邦，协助刘邦灭楚建汉，与韩信、彭越并称"汉初三大名将"。他屡立奇功，但是又助纣为虐，最后由于因疑生妒而惹上杀身之祸，又是多么让人意想不到啊！

刘邦招降黥布

年 代
➤ 秦末汉初

性 格
➤ 英勇善战

成 就
➤ 协助刘邦赢得楚汉之争

黥布

黥布，原名英布，六县（今属安徽）人。英布在秦朝只是个平民百姓，年轻时，有人给他相面说："但在你以后会受刑，受刑之后就会封王。"

等到长大以后，英布因犯法被判**黥刑**（用刀在脸上刺字，然后将墨涂在刀伤上，这样脸上的痕迹永远也不会消失），他却高兴地说："算命的算得准啊！我真的受刑了，以后也会称王吧？"，当时，听到他说这话的人，都把他当成笑话。

你们不懂，算命先生说我受刑后就可以封王了。

他在说什么胡话？

从此，人们就管他叫黥布。受刑后，黥布被押送到骊山服劳役，修建素始皇陵。骊山有囚犯几十万人，黥布专跟其中的头目英雄豪杰来往。后来，黥布带着这伙人逃了出来，跑到长江边做了强盗。陈胜起兵时，黥布也积极响应，很快便聚集了几千人的队伍。

不久，黥布带着他的队伍投靠了项梁的起义军楚军。黥布作战时十分英勇，每次大战，他的部队总是冲在最前面。很快，黥布就成了楚军中最为骁勇善战的将军。由于黥布常常以少胜多，使人震惊佩服，各路起义军都愿意听从楚军的号令。

黥布一路开挂，与项羽协同作战，击败了秦军主力，迫使主将章邯投降。接着，他又拿下函谷关，直逼秦朝大本营咸阳。黥布最擅长打前锋。灭秦后，他被项羽封为九江王，建都六县。

谁说刑徒不能封王？哼！

不过，黥布也做过很多大失人心的事。他曾奉项羽之命，夜袭已经投降的二十多万秦军，并把他们统统活埋了。又奉项羽密令，杀掉了失去利用价值的义帝。

义帝一死，诸侯们连精神寄托都没有了，又成了一盘散沙，开始各自为政。由于项羽分封不公，诸侯中便有人开始造反。项羽想起了黥布这个先锋，就向他征兵平乱，但黥布推托有病。后来，刘邦在彭城打败了楚军，而黥布又推托有病没去救援。项羽因此而怨恨黥布，多次要召见他。但黥布找了各种借口，不敢前往。

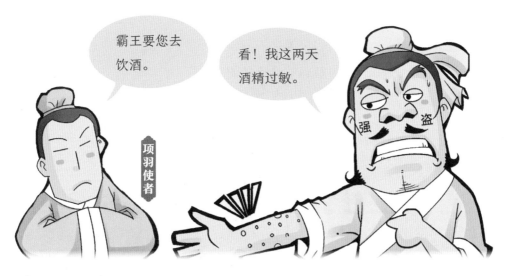

霸王要您去饮酒。

看！我这两天酒精过敏。

项羽使者

义帝：熊心，楚怀王熊槐之孙，楚亡后流落民间放羊，项梁起义反秦后立他为楚怀王，后被项羽尊为义帝，即各路诸侯名义上承认的皇帝。

35

楚汉相争时期，刘邦想招降黥布以牵制项羽，随何自告奋勇前去游说。随何带着二十个人去见黥布，先找到黥布的太宰，让他引荐。谁知，黥布拒而不见，随何便对太宰说："如果我见到大王，他认为我说得不对，那就把我杀了吧。"太宰把这话告诉了黥布，而黥布接见了随何。

随何说："如果您愿意与我们合作，会有很多好处。"黥布表示他是项王的臣子。随何接着说："但您也没尽到臣子的义务啊！霸王（项羽）攻打齐国时，您本应带着全部兵马，亲自去做楚军的先锋，而您没去，只派了四千人过去应付了一下。霸王和汉王在彭城作战时，您也没有出战，难道霸王会饶过您吗？

"项王和汉王争斗，您坐山观虎斗，实际是想发展自己的实力吧。项羽杀掉义帝，大失人心，天下的诸侯都在反对他。汉王则深受百姓爱戴，归顺汉王吧，他日后不会亏待您的。"

这时，恰巧项羽也派了使者来催黥布出兵相助。随何当机立断，跑去搅局，他扬言："九江王已归附汉王，霸王凭什么让他出兵？"黥布骑虎难下，最后把心一横，杀了项羽的使者，归顺刘邦，出兵攻楚。不料，由于实力相差太多，黥布一再失利，只好与随何一起从小路逃到刘邦那里。

大王不动手，难道放他回去告密吗？

黥布到时，刘邦正在洗脚。黥布见刘邦如此无礼，非常生气，但刘邦却给了他一个大大的惊喜。刘邦给黥布安排了住所，屋内的陈设布置，以及饮食、佣人等都和刘邦本人的住所一模一样。黥布一下子又喜出望外了。

这时，项羽攻占了黥布的地盘，收编了他的部队，还杀了他的妻儿。这让黥布彻底死心塌地跟着刘邦。汉高帝四年（公元前203年）七月，刘邦立黥布为淮南王，和他一起攻打项羽，最终于汉高帝六年（公元前201年）在垓下击败了项羽。项羽死后，刘邦做了皇帝，黥布回了封地，优哉游哉地做他的淮南王去了。

这些封地全归你管，你要好好为朕守住淮南啊！

没问题！

我要当皇帝

汉高帝十一年（公元前196年），吕后杀了韩信。同年夏天，刘邦杀了彭越，还把他剁成肉酱并分赐诸侯，以示警诫。黥布内心非常恐惧，就暗中集结重兵，随时注意邻郡的动静，以防不测。

事情就是这么不巧，黥布的一个宠妾生了病，常去医生家看病。黥布手下有个小吏叫贲赫，与医生住对门。为了讨好黥布，小妾去看病时，贲赫带厚礼多次去探望小妾，还陪小妾饮酒。小妾回去后，便在黥布面前不断称赞贲赫。

黥布起了疑心，误认为两人私通。贲赫得知后，吓得要死，称病不敢见英布。为了保命，贲赫逃到了都城长安。他向刘邦告发，称黥布要谋反。刘邦问丞相萧何："不是吧，连黥布也反了？"萧何说："皇上不能信贲赫一面之词，有可能是黥布与人结仇，被诬告……可以先把贲赫扣押起来，暗地里派人去调查，如果属实，再下手也不迟。"

不是吧？连黥布也反了？

贲赫可能是因仇怨诬告，先暗中调查黥布吧。

萧何

于是，刘邦扣下贲赫，派人去调查。又一个不巧，黥布本就怀疑贲赫会举报自己，又见朝廷派人来调查。他一紧张，没沉住气，杀了贲赫全家，当真起兵造反了。消息传到长安，刘邦立马放了贲赫，还封他为将军。黥布太能打了，刘邦不知有多少胜算，于是召开紧急军事会议，商量对策。刘邦问："韩信和彭越都是设计诱捕的，而这个家伙现在有兵有粮有地盘，又很能打，怎么对付？"夏侯婴说："陛下不必着急，臣的门客薛公原是楚国令尹。此人颇有韬略，不妨问问他。"

薛公拜见刘邦说："在下认为，现在黥布有三条策略，出上策，他将割地称王；出中策，胜负难分；出下策，陛下就高枕无忧了。上策：黥布如果有大局观，就会东攻吴地，西取楚地，同时兼并齐、鲁两地，再命燕、赵两地的人坚守，这样，他就能拥有山东了。中策：黥布东攻吴地，西取楚地，兼并韩、魏，夺取敖庾粮仓，占据成皋（gāo）要道，再图谋扩充地盘。下策：黥布只东攻吴地，西占蔡地，重兵迁移辎重财宝到越地，而自己为了保命待在长沙。黥布原是骊山刑徒，他靠自己发奋努力，做了一方之王，格局小是他的弱点，他不会顾及百姓和子孙后代，只会盯着眼前那点利益。他肯定会选择下策。"

正如薛公所料，黥布果然用了下策，于是刘邦亲自率军征讨。黥布认为自己天下无敌，一出兵，果然把周边的几个诸侯国打得狼狈不堪，之后继续前进，在会甀（zhuì）与刘邦率领的军队正面遇上。当时，黥布的军队非常精锐，刘邦不敌，逃进城里坚守不出，在城上远远质问他："我哪里对不起你？竟敢造反！"黥布很简单地说："我也想当皇帝。"随即，两军展开大战。

冷静啊皇上！

我哪里对不起你？竟敢造反！

没有，只不过我想当皇帝而已！

黥布大败而逃，汉军穷追猛打，根本不给他喘息的机会。等黥布逃过长江后，身边只剩了一百多人。黥布的亲戚长沙哀王把走投无路的黥布骗了过去，并在一座民宅里把他杀了。经过一年多时间，黥布带领的叛军全被消灭，而**淮南国则被刘邦收回，改封给自己的儿子刘长。**

司马迁有话说

黥布曾犯法受刑，为何还能发达得那么快呢？项羽坑杀敌兵数以千万计，黥布是助其施虐的首犯。他因功盖诸侯而被封王，但造孽实在太多，最后身死人手。他的祸根源于一个宠姬，因嫉妒而酿成祸患，竟致国灭身亡！

淮阴侯列传

　　淮阴侯是被萧何称为"国士无双"的"兵仙"韩信，他出身贫困却胸怀大志，从一名小小的都尉开始，到在楚汉争霸中由于战功赫赫而被封齐王。这篇传记记述了他传奇的一生。

　　韩信有着超凡的军事才能，功高于世，"背水一战"等许多策略都被后人当作用兵的范例。害怕他谋反的刘邦在建立汉朝后收了他的兵权，后来又将他贬为淮阴侯，最后落得夷灭宗族的下场。司马迁在这篇传记中表达了对韩信的深切同情与无限惋惜。

胯下之辱

年 代
► 秦末汉初

性 格
► 足智多谋，英勇善战

成 就
► 协助刘邦赢得楚汉之争

韩信

　　淮阴侯韩信，是淮阴人。当初还是平民时，家里很穷。他自己又没什么赚钱的本事，常常到处蹭饭吃，弄得很多人都讨厌他。有一次，他蹭饭蹭到了当地南昌亭长家，一吃就是几个月。于是，亭长的妻子想了一个法子，一早就把饭做好，让全家人在床上就把饭吃了。等韩信赶着饭点来的时候，他们早吃完了。韩信一怒之下，再也不去亭长家吃饭了。

这么早就吃饭了？

快吃，一会儿韩信就来了！

绝交！绝交！居然这么小看我韩信！哼！

饿得难受，韩信就来到城边钓鱼吃。刚好有几位老大娘在那里漂洗棉絮。其中有位老大娘看韩信可怜，就把自己带的饭给他吃了。而且一连几十天都是如此，直到漂洗完毕，老大娘要走。韩信非常感激地对她说："将来我一定好好报答您老人家。"老大娘说："我是可怜公子你才给你饭吃，岂是望你报答？身为大丈夫却不能养活自己，你不觉得羞耻吗？"韩信听后深感羞愧，决心要做出一番事业来。

有一天，韩信在集市上闲逛，被一个卖肉的年轻人拦下了。年轻人当众侮辱韩信："你虽然长得高大，喜欢带刀佩剑，其实是个胆小鬼罢了。你要不怕死，就拿剑刺我；如果怕死，就从我胯下爬过去。"韩信盯着他看了好久，然后伏下身子从他的胯下爬了过去。满街的人都笑话韩信，认为他胆小。

知识驿站

古代中国的饮食

"吃"也是文化的重要组成之一，而在四千年多年前的中国，人们都吃些什么？又有哪些美味佳肴呢？

古人和我们一样也有一日三餐的习惯，所吃的食物同样包括谷物、蔬菜和肉食，不过在殷商时代，还没有方便的技术给谷物去壳，都是带壳食用。到周朝就开始大量使用研磨技术，从那时我们的祖先就开始喝粥、煮饭了。

那时主要的烹饪工具就是青铜制的鼎等，所以，主要的烹饪方式是烤和煮，还有蒸的做法。

值得一提的是，古人对肉食有着很多规定，在古籍中记载着：天子可以吃猪牛羊，诸侯吃牛，卿吃羊，大夫吃猪，士吃鱼，老百姓只能吃菜。而在《礼记·王治》中又写到没有原因是不可以随便宰杀动物的。秦国更是规定了牛作为生产工具，随便吃是违法的。

过年想开个荤也不行啊。

虽然对吃有诸多限制，但是我国的烹饪从周朝就已经有很复杂的大菜了。古籍中记录的"八珍"中有一道"炮豚"，需要将猪烤后油炸，再炖三天，其中的处理步骤有几十道。想象一下就垂涎三尺啊！

进入汉朝后随着生产力水平的发展，人们的饮食变得更加丰富。对世界饮食影响深远的豆腐据说就是汉朝人发明的。

豆腐以黄豆为原料，经过泡制、研磨、榨汁、蒸煮，最后点上石膏水或卤水令其凝固制成。最广泛的说法是汉朝淮南王刘安在研究丹药时偶然发现了做法。民间传说是战国时期孙膑偶然发现的。

这个东西真好吃，一定要带回去给大家尝尝。

汉武帝派张骞出使西域时，也带回了大量的西域美食和调料，如芝麻、葡萄、西瓜等。我们常吃的胡萝卜也是那个时候传入中国的。

萧何月下追韩信

天下群雄并起之时，"待业青年"韩信提着剑投奔了项梁的起义军。后来，项梁战死，韩信又跟了项羽。他屡次献计，都没被项羽采纳。汉王刘邦入蜀。韩信见在项羽手下没什么发展，就投奔了刘邦。刘邦觉得他没什么名气，让他先做连敖（接待宾客的小官）。

大王说了，你就做个接待宾客的小官吧。

不久，倒霉的韩信犯了法，要被处斩。同罪的十三人都被杀了，轮到韩信时，他一抬头正好看见滕公夏侯婴，对他大喊："汉王不是想统一天下吗？为什么要斩壮士！（原文：上不欲就天下乎？何为斩壮士！）

汉王不是想统一天下吗？为什么要斩壮士！

夏侯婴

滕公感到他的话不同凡响，又见他相貌堂堂，就放了他。和韩信一聊，滕公觉得他是个人才，就把他推荐给了刘邦。刘邦没觉得韩信有多出众，便让他做了**治粟都尉（掌管生产军粮等事的小官）**。倒是萧何多次跟韩信谈话，认为他是个奇才。

大王，韩信那个人非同凡响啊。

不是已经让他当治粟都尉了吗？

　　后来刘邦被封汉中，到了都城南郑，许多将领都因思乡而逃走。韩信因得不到重用，十分灰心，也离开了。萧何听说后，来不及向刘邦汇报，骑上马就追了出去。刘邦还以为萧何也跑了，又伤心、又恼怒。

唉，不受重用，我还是离开吧。

两天后，萧何回来了，刘邦高兴又恼怒，对萧何说："我什么地方对不起你，干吗要逃走？"萧何说："我没逃，我是去追逃跑的韩信了。"刘邦奇怪地问道："各路将领逃了几十人，你不去追，偏偏去追一个无名小卒，骗人！"萧何笑着说："那些将领满街都是。而像韩信那般杰出人物，普天之下找不出第二个！（**至如信者，国士无双。**）您是想在汉中称王，还是和项羽争天下？"刘邦说："当然是争天下了！"

你追无名小卒干嘛。

那般杰出人物，普天之下找不出第二个！

萧何

"您要争天下，就必须重用韩信，不能重用他，他终究还是要逃跑的。只是做将军韩信一定不肯留下，得让他做大将军"，萧何给刘邦分析，"大王向来对人轻慢，不讲礼节，如今任命大将军也像儿戏一样，这就是韩信要离去的原因啊。您决心用他，就要郑重其事，选择良辰吉日，亲自斋戒，设置高坛向大家宣布"。

一定要用这么大的阵仗吗？

这才能彰显您的诚意啊。

刘邦答应了萧何的要求，众将听到汉王设坛拜将都很高兴，都认为自己有机会。等到任命时，被任命的竟然是无名小卒韩信，全军将士都惊讶万分。

刘邦拜韩信为大将军后，立即向他请教："萧丞相多次称赞将军，请问将军有何治国安邦的良策？"韩信客气了一番，对刘邦说："大王您估量下，在勇敢、强悍、仁义和兵力等方面，与项羽相比，谁强？"刘邦回答："我不如项羽。"韩信接着说："我也是这么认为的。不过在为人方面，您就比项羽强太多了。

项羽一声怒吼，千百人都吓得胆寒腿软，但**他不能任用有才能的将领，所以只有匹夫之勇**；看见手下受伤生病会同情落泪，但真正要论功行赏时又很小气，官印的棱角都磨光了，还舍不得给人家，所以只有妇人之仁。现在他虽独霸天下但赏罚不公，手下诸侯早已怨念重重。

如果大王您能反其道而行，任贤用能公正地分封功臣，善待士卒与百姓，只要一声令下，何愁天下不归附？并且，当初您攻入秦地，与百姓约法三章，那里的老百姓无不拥戴您，都希望您做王。现在您起兵东下，秦国旧地那里只要发一个公告，百姓们就会直接归顺您了。"

听完韩信的话，刘邦激动地说："你我相见恨晚啊！"

井陉口 背水一战

公元前 206 年，刘邦按韩信的部署，一举吞并了秦国旧地。随后，与韩信等人共同攻击楚军。趁着项羽正在和齐国的田氏三兄弟作战，**刘邦亲自率五十六万大军进攻彭城（项羽楚国的都城）**。项羽闻信，率三万精兵回救，偷袭刘邦，把刘邦大军打得七零八落。汉高帝二年（公元前205年）八月，韩信任左丞相，攻打魏王，最终俘虏了他。

打仗的事就交给你啦，我还是歇着好。

韩信

刘邦

之后，韩信、张耳统领数万汉兵，欲过**井陉口（九塞之一，太行山有名的八大隘口之一，在河北井陉，它的西面有一条长几十公里的狭窄驿道）**，进攻赵国。赵王歇、赵军主帅陈馀闻讯，集结了二十万大军迎战韩信。

韩信率军三万，想突破井陉口，对我赵国发起攻击。

什么？

赵王

陈馀

李左车

我们应该在井陉口伏击。

赵王手下另一位**大将李左车很有战略头脑**，他提出了一个计策：韩信乘胜而来，士气正旺，锋芒锐不可当，但**井陉口道路狭窄崎岖，两辆战车无法并行**，骑兵不能齐头并进，汉军的战线一定会拉得很长，粮草辎重会在后面。请您临时拨给我奇兵三万，截断他们的粮道和退路；您只要深挖战壕，高筑营垒，坚守军营，不与他交战，不出十天就可以彻底消灭汉军。

但是陈馀并不赞同李左车的计谋，他认为："兵书上说超过敌人十倍就可以包围他们，超过敌人一倍可以正面决战。韩信号称有几万人，实际上也就有几千人罢了。他们千里跋涉来攻打我们，必定是疲惫不堪，我们怎么好断绝人家的粮食，让他们饿肚子？正义之师不用诡计，我们要堂堂正正和他决一死战！"

书呆子，早晚会灭国的！

正义之师不用诡计……

韩信探知李左车的计策没有被采纳，大喜，立即率领士兵前进。大军离井陉口不远处停了下来，**韩信趁夜亲点了两千轻骑，让他们隐藏在山上**，明天等韩信率大部队前去诱敌，赵军见汉军败逃，定会倾巢追击汉军，两千轻骑火速冲入赵营，拔掉赵军旗帜，插上汉军大旗。同时，还传令全军，等打败赵军后，全军将士大吃一顿。士兵对打赢这场仗表示怀疑。

听我的号令，你们先隐藏。

好，听将军安排。

韩信又派万人的先头部队过河，并在河边背水列阵。当赵军远远望见时，大笑不已："谁说韩信会用兵的？背靠河水摆阵，不是自己找死吗？"天刚亮时，韩信亲率大军，大吹大擂地开出井陉口。

双方激战了很久，韩信突然下令撤军。赵军见势，果然倾巢追击，想要争夺汉军的旗帜，活捉韩信。韩信率军撤到河边汉军阵中。无路可退的汉军个个奋勇争先，拼死作战。赵军无法取胜。

是时候了！撤退！

此时,韩信先前埋伏的两千骑兵冲下山,占了赵营。赵军久战不胜,就想撤兵回营,可回头一看,嘿!大营里全是汉军的大旗,一时间赵军大乱,纷纷落荒而逃。赵将即使诛杀逃兵,也挡不住他们逃跑的脚步。于是,汉兵前后夹击,彻底击败了赵军,杀了陈馀、生擒赵王歇,俘虏了大批人马。

众将向韩信表示祝贺并问出了心中的疑惑:"兵法说,背水列阵,是死阵。您却取得大胜,这是什么战术啊?"韩信说:"各位没留心看书吧,兵法上不是写着'**陷之死地而后生,置之亡地而后存**'吗?这就是人们所说的'赶着街市上的老百姓去打仗',在这种形势下,**若不把他们置于死地、让他们为保全自己而战,他们就会贪生怕死而逃跑,怎么还能取胜呢?**"众将听后,对韩信佩服得五体投地。

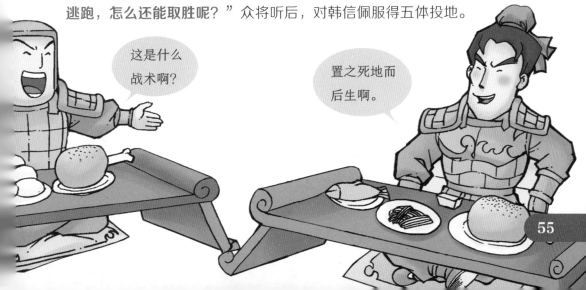

这是什么战术啊?

置之死地而后生啊。

项羽封十八路诸侯

我把南方这片地封给你，替我好好管理。

灭秦之后，项羽自立为西楚霸王，并对起义抗秦的诸侯进行了分封。这次分封包括后来的汉高祖刘邦一共封立了十八位诸侯王。项羽的分封方式为之后的楚汉争霸埋下了伏笔。

封诸侯本来是天子封派自己的兄弟、儿子、有功的家臣管理一方，让他们在外面保自己平安的一种做法。

项羽分封的这些人有些本就有自己的领地，而且在灭秦这件事上，有的人有地没功，有的人有功没地。项羽采用的办法就是分了有地之人的地给别人，而且这里面还掺杂了他自己的小算盘。

韩广本为燕王，广受当地人爱戴，项羽怕他实力增强，立了韩广手下的臧荼为燕王。后来，韩广不肯走，被臧荼杀了。

韩广你去辽东当王，臧荼功劳大，让他管燕国吧。

不能让韩广实力太强。

并且项羽对诸侯的功绩评判完全出于个人观点，这个"功"中最重要的一点就是是否随他入关。

实际掌控齐国的田荣为了服众推举了自己的侄子田市为齐王，他本人没有支持项羽，他的部下田都和田安都被封为齐王和济北王，唯独他自己没有得到分封。后来，田荣干脆杀了田市，自立为王，还一起灭了田都和田安。

还有很重要的一点是，项羽非常不放心刘邦，于是故意将归顺自己的章邯、司马欣封在了刘邦的领地边，起到监视他的作用。

但是自以为很聪明的项羽最后还是没能挡住刘邦一统天下的脚步，只能怪他过于自大了。

潍水之战

韩信刚刚平定赵国，刘邦又派他去攻打齐国。韩信还未渡过黄河，听说郦食其已说服齐王归降，便按兵不动。

这时，蒯（kuǎi）通（秦末汉初著名辩士，韩信的谋士）对韩信说："将军，难道汉王下令让您停下来了吗？那郦食其动动嘴皮子就说降了齐国七十余城，您辛辛苦苦打一年，也才攻下赵国五十来座城。做几年大将，功劳还不如一介书生，您甘心吗？"

韩信觉得他的话很有道理，就趁齐国防备松懈，不费吹灰之力攻至齐都临淄城下。齐王以为郦食其骗了自己，大怒，将其烹杀。

竟敢骗我！我要煮了你！

该死的韩信！贪功害我！

郦食其

齐王田广逃出都城，与前来救援的项羽部将龙且（jū）合兵一处，一起来对付韩信。这时，有人和项羽手下第一猛将——龙且说："将军，我们应该固守营垒，不去应战。汉军远道而来，缺少粮草，只要我们坚守阵地，让齐王号召齐国的百姓四处抵抗，过不了多久，韩信不攻自破。"

我有二十万大军，难道还怕韩信吗？

我们应该固守营垒，不去应战。

谋士

龙且

龙且：项羽手下第一猛将，楚军五大将之一。

龙且却说："我的任务是来救齐，汉军不战而降，我还有何功劳可言？若打败了韩信，齐国一半土地可以分封给我，为什么不打？"龙且执意出战。两军隔着潍水对阵。

> 打败韩信，齐国说不定会拿出一半土地封赏我。

> 干吗不打？

> 唉，贪婪是不会有好结果的。

韩信命军士连夜赶制了一万多个布袋，在里面装满沙石，堵住潍水上游的河水。 然后，韩信率一半军队渡河去打龙且，又假装打不过，回头便跑。

龙且觉得韩信是胆小鬼，立刻渡河去追击韩信，韩信下令挖开上游沙袋，河水一拥而下。龙且再反应过来自己中计，已经晚了，部队被河水隔成两半，韩信乘机掉头猛击。楚军被打得大败，龙且被杀。留在对岸的龙且部队，见状四散而逃。韩信乘胜追击，俘虏了全部敌军，而齐王田广也逃跑了。

> 杀回去！

上当齐王

汉高帝四年（公元前203年），韩信平定了整个齐国后，派人给刘邦送了一封信。信中写道："齐人、狡诈，意外变故很多，齐国又刚平定，社会混乱，政局不稳，**请封我为代理齐王，镇守齐地。**"

> 请封我为代理齐王，管理齐地。

而此时，刘邦正被项羽围困在荥阳，他一看来信，勃然大怒地骂道："我在这儿被围困，日夜盼着你来助我，你却想自立为王！"张良和陈平急忙暗中踩刘邦的脚，在他耳边偷偷说道："目前，汉军处境不利，您可不能失了韩信。不如趁机册立他为王，好好待他，让他镇守齐国，不然可能生乱。"

> 封他为王，让他镇守齐国。

> 不然可能生乱。

张良

陈平

刘邦马上醒悟过来，却接着骂："大丈夫平定诸侯，就应该做真王！何必做什么代理的呢？"于是，**他派张良去齐国立韩信为齐王**，并调韩信的军队去打项羽。

大丈夫平定诸侯，就做真王好了，何必代理？

见齐国失利，龙且战死，项羽非常恐慌，就派说客前去游说韩信："当初天下人痛恨秦朝暴政，合力灭秦后，按功分封，各自为王。谁想汉王竟吞并诸侯，掠夺他人封地，举兵攻击项王，意图吞并天下，如此贪心，不是太过分了吗？况且，当初汉王几次落入项王手中，项王可怜他才放了他。他一脱身就背信弃义，再次攻打项王，真是没义气。**当下刘、项争天下，胜负的关键在您，您站哪边，哪边就胜**。假若项王被消灭，那下一个就是您了。您和项王有旧交情，为何不反汉联楚而自立，来个三分天下呢？"

项王很赏识您的才能，想和您共谋天下。

谢了，我不感兴趣。

汉王对我恩重如山，请替我谢项王的美意。

韩信义正言辞地拒绝："我跟着项王，官不过郎中，职位不过是个持戟的卫士，言不听、计不用，所以我背楚归汉。汉王封我做上将军，交给我几万人马，脱下自己的衣服给我穿，拿自己的饭菜给我吃，对我言听计从，所以我才有今天。（**原文：解衣衣我，推食食我，言听计用，故吾得以至於此。**）汉王对我亲近、信任，我到死都不会背叛汉王，希望您替我谢过项王的好意！"

谋士蒯通也认为决定天下大局的关键在于韩信也来规劝他："如今汉王和项王两人的命运，实际上掌握在您手中，您帮谁，谁就能得胜不过您还有第三种选择，**就是和他们三分天下，鼎足而立，最后一统天下。（原文：叁分天下，鼎足而居。）**兔死狗烹的道理您应该知道，当初，文种和范蠡帮助越王勾践称霸诸侯功成名就之后，一个被杀，另一个逃亡。您现在功劳谋略、声望之大天下无双，汉王将来一定容不下你啊。"韩信说："您别再讲了，让我好好考虑考虑。"

汉王和项王，您帮谁，谁就能取胜。

我这么厉害！

过了几天，蒯通又来劝韩信："甘愿劈柴喂马的人，就得不到做大王的机会；安心拿微薄俸禄的人，就做不了公卿宰相。专注在小事上，就会丢掉争得天下的大事。所以说，一个人能不能成功，就要看他做事是不是果断。俗话说：**猛虎犹豫不决，还不如马蜂、蝎子的一蜇；骏马徘徊不前，还不如弱马安然漫步。**这是说付诸行动是最可贵的，功业难成易败，时机难得易失，时机啊时机丢掉了就不再来，希望您早下决断！"

希望您可以早下决断。

我考虑一下。

韩信犹豫不决，他不忍心背叛刘邦，自认为功勋卓著，刘邦不会忘恩负义夺去自己的齐国，就谢绝了蒯通的好意。蒯通怕惹祸上身，于是装疯离开了韩信。

我不会背叛刘邦的，您别说了。

您会后悔的。

在韩信的帮助下，刘邦先用十面埋伏之策击败项羽，又用四面楚歌之计逼得项羽自杀，平定了天下。刘邦又用突袭的办法夺了韩信的军权，改封他为楚王，建都下邳。

韩信到了自己的封国，**召见当年给他饭吃的老大娘，赏给她千金，**而轮到南昌亭长时，只赏给他了一百钱。韩信又召见了那个曾经侮辱过自己的屠户，让他做了中尉，负责都城的治安。

淮阴侯之死

项羽手下有个大将叫钟离昧，是韩信的好友。项羽兵败后他投奔了韩信。

有我在，皇上奈何不了你！

钟离昧

刘邦知道后十分生气，恰巧这时又有人说韩信要谋反。于是，刘邦采用陈平之计，假装巡游云梦泽，命各地诸侯到陈地朝见，实际上他要借机袭捕韩信。

等到刘邦快要来到楚国边界时，韩信因为钟离昧的事情也有点儿害怕。有人就劝说韩信："杀了钟离昧，再去见皇上，皇上必然高兴，您也就没事儿了。" 韩信找钟离昧谈这件事。钟离昧说："刘邦之所以不敢打楚国，就是因为我在你这儿。如果你想抓了我去讨好刘邦，那么我今天死，你明天也就该跟着我死了。"于是他骂韩信说："你真不是个有德性的人！"说完便自刎而死。

借你帽子下面那个一用。

你真不是个有德性的人！

韩信带着钟离眛的人头到陈地朝见刘邦。埋伏的武士趁韩信不备一拥而出将他擒下，然后把他装在刘邦后面的车上。韩信后悔地说："果真如人所说：狡兔死，良狗烹；高鸟尽，良弓藏；敌国破，谋臣亡。天下已定，我就该死了！（原文：狡兔死，良狗烹；高鸟尽，良弓藏；敌国破，谋臣亡。天下已定，我固当烹！）"**韩信被押到洛阳。但刘邦赦免了他，把他贬为淮阴侯。**

这是钟离眛的项上人头。

韩信从此日夜怨恨，觉得与周勃、灌婴、樊哙等人平起平坐是种耻辱，所以常常称病在家。一次，韩信去樊哙（舞阳侯，刘邦的妹夫）家。樊哙恭迎恭送，韩信却满腹牢骚："我英雄盖世，竟跟这些无名小卒同等地位。"

没想到我竟能当上侯爷。

是啊，这辈子该满足了。

我英雄盖世，竟跟这些无名小卒同等地位。

淮阴侯早上好。

周勃

灌婴

樊哙

刘邦有次闲来无事，跟韩信聊天，与他讨论开国将领各自能统率多少人马。刘邦问："以我的才能，能统领多少兵马？"韩信说："最多也就十万。"刘邦问："那你呢？"韩信说："越多越好。"刘邦笑了一下，说："既然如此，那你为什么还被我俘虏了？"韩信说："陛下不善于带兵却善于驾驭将领。" 刘邦这才高兴了。

后来，曾是韩信部将的陈豨出任外地要职，要统领北方边境的全部军队，他来向韩信辞行。韩信对他说："你所镇守的地区，是天下精兵聚集的地方。你又是皇上的亲信，若有人说你造反，皇上一定不信。可一而再再而三地说，皇上就会信以为真，必定会亲自带兵前去围剿！到时候，我在京城做你的内应，天下就是我们的了！"陈豨一向知道韩信的雄才大略，因此对他的话深信不疑。

汉高帝十年（公元前 197 年），陈豨反叛。刘邦果然亲征。韩信托病留在京城，准备谋反。他打算**假传诏书赦免罪犯和奴隶并把他们组织起来去劫持吕后和太子**，接应陈豨。韩信部署完毕后，就等陈豨的消息。

不料一位家臣因得罪韩信将被处死，而这位家臣的弟弟向吕后告了密。吕后和萧何商量对策。萧何献计，说："让人假装皇上的使者，就说陈豨已被皇上俘获处死，要群臣都进宫庆贺欢宴……"然后又亲自劝说韩信，说服他进宫朝贺。就这样，萧何将韩信骗到了宫中。在长乐宫的钟室里，吕后杀了韩信，接着又灭其三族。韩信临死前说："我一代英雄，真后悔没听蒯通的话，竟死在妇人之手，这真是天意啊！"

司马迁有话说

　　我到淮阴，淮阴人对我说，韩信还是平民百姓时，志向就十分高远，他母亲去世后，家中连办丧事的钱都没有，可他还是到处寻找又高又宽敞的坟地安葬。假使韩信能够谦恭退让，不恃才自傲，他的功勋堪与周公、召公、太公等人相比，后世子孙可以一直享受殊荣。可他在天下已定之后图谋叛乱，因此被灭族，这也是咎由自取啊。

西汉初期有两位名臣季布和
栾布。这两人都出身底层，因为
敢于仗义执言而被人尊敬，于是
被写在同一篇传记中。

　　季布是西汉时期楚人，擅长
带兵打仗，后在汉朝为将。他没
落时，能忍辱负重；为官时又敢
向吕后、皇帝谏言。他的侠义性
格很受人民爱戴，名扬楚地。

　　栾布是彭越的部下，在彭越
蒙冤被处以极刑时，他不惧生死，
敢于替主人彭越申冤，伸张正义，
令人佩服。

季布栾布列传

能屈能伸、敢说敢做的季布

季布

季布是楚国人，年轻时为人好逞意气，爱打抱不平，名气很大。**后来季布成为项羽帐下五大将之一**，屡次把刘邦打得落花流水。刘邦当了皇帝后，想起季布就气恨不已，下令全国通缉他。然而，天下敬慕季布的人纷纷冒死暗中帮助他。最初，季布躲在河南濮阳一户姓周的人家。

可恶，又被他抓了。

抓个刘邦，轻而易举。

刘邦

一天，姓周的人说："风声很紧啊！朝廷眼看就要搜查到这里来了，如果您听我的话，我帮您出个主意；如果您不听我的话，我就死在您面前。"季布一听，立即答应照他的话办。姓周的人剃光了季布的头发，又给他戴上枷锁，穿上粗布衣服，扮成奴隶的样子。之后，把他和几十个奴仆一起放在运货的大车里，假装卖给山东朱家，以此帮助他逃亡。

姓朱的也久仰季布的大名，便把他安置在田里工作，吩咐家人好生厚待，然后亲自驾车赶往洛阳，去找刘邦的老朋友夏侯婴说情。

朱家人问夏侯婴："皇上为什么一定要缉拿季布呢？"夏侯婴感叹："季布多次帮项羽把皇上逼得走投无路，所以皇上恨他啊！" 朱家人又说："当初，季布是项羽的手下，当然要全力效忠项羽。皇上刚得天下，就因私愤追杀季布，会显得气量狭小！万一季布投奔敌国，那多不值，不如您找机会和皇上谈谈？" 夏侯婴觉得这话有道理，便说试一试。

听完夏侯婴的说情，**刘邦立刻赦免了季布，还任命他为郎中（皇帝的侍从小官）**。此事传开后，姓朱的出了名，而许多有名望的人物也都称赞季布能忍一时之辱、化刚强为柔顺的行为。

季布生性正直、说话直率，不阿谀逢迎，不随声附和，也不惧权贵，即使在皇帝面前也敢犯颜直谏。惠文帝时，季布任中郎将。匈奴欺吕后孤儿寡母当政，竟出言不逊，向她求婚。吕后大怒，眼看一场恶战就要爆发。

　　吕后大怒，召集众将商议此事。上将军樊哙说："我愿带十万兵马，横扫匈奴，为您出气！"其他将军们也都顺着吕后的心思，说："对，灭了匈奴！"这时只有季布说："樊哙该斩！当年，先皇率四十万精兵都被围困，他十万兵马就想横扫匈奴？简直是当面欺君！秦朝因为对匈奴用兵，才引得陈胜起义，难道你想让天下再次动荡不安吗？"季布力排众议，一席话说得吕后冷静下来，仔细衡量了汉匈双方的实力后，再也不提攻打匈奴的事了。

后来，季布做了河东郡守。汉文帝即位后，听说了季布的名声，就召见他，想用他做朝廷重臣。季布风尘仆仆地赶到长安，这时又有人说他的坏话："季布虽然勇敢，但好发酒疯，难以接近，实非栋梁之材……"过了一个多月，汉文帝才象征性地召见他，却对他说："没什么事，就想看看你的模样。好了，你可以回河东了。"

季布对汉文帝说："陛下无缘无故召见我，一定是有人在您面前吹嘘我的功绩；我来到京城，您没有任何说法就让我回去，一定是有人在您面前诽谤我。**陛下因一个人的赞誉就想提拔我，又因一个人的诽谤就弃我不用**，我自己倒无所谓，只担心天下有见识者因此就知道您的用人之道了。"汉文帝尴尬地回答："河东郡是我的左膀右臂，所以才召你来见见嘛！"

季布说得毫不客气，汉文帝很难为情，但最终还是没重用他。季布生气地走了。季布敢于批评别人因此也就格外注重自己的行为，言出必行，许诺的事一定会做到，他自己也为此深感自豪。

楚地有个叫曹丘的人，是公关高手，能说会道，靠与权贵的交情大发横财。季布对他深为不齿。曹丘与汉文帝窦皇后的哥哥窦长君关系很好，季布听说后便写信劝窦长君：**曹丘是个小人，您不要和他来往。**

找机会认识认识他，哈哈。

曹丘

窦长君

季布说您是个小人，不让与您来往。

等到曹丘准备回楚地老家的时候，找窦长君写封信介绍他和季布认识。窦长君就对他说："季将军那么不喜欢您，您不是自找没趣？"曹丘执意要他写。窦长君只好写了封信，在曹丘出发前，先让人把信送给了季布。季布一看信，果然大怒，生气地等着曹丘的到来。

好！我就等他上门，看看姓曹的想和我说什么！

曹丘到了，先对季布作了个揖，说："您可知道，楚地有句谚语：**得到黄金百斤，比不上得到季布的一句诺言（得黄金百斤，不如得季布一诺）**。可您知道吗？这话之所以广为流传，是我这个老乡四处宣扬的功劳。如今您名满天下，为什么却要坚决拒我于千里之外呢？"

得黄金百斤，不如得季布一诺。你猜谁说的。

夸得我都不好意思了。

季布一听，立即转怒为喜，赶紧请他进屋，一直留他住了好几个月，待他为上宾，还送了他很多厚礼。季布的名声之所以愈来愈大，就是因为曹丘不遗余力地为他宣传。从此，季布的名声更大了。

对不起，是我偏激了。

张释之和冯唐都是汉文帝执政时期的官员。

张释之作为古代的大法官，秉公执法，根据法律法规进行公平的判决。

冯唐为人正直无私，因此遭到排挤，直到晚年才被重用。汉文帝去世后，他又被罢免。到汉武帝时，他虽然有才，但已是高龄。后人常常用他来比喻年纪太大，难以再有作为。

他们二人恪尽职守，敢于直言，是能指正皇帝错误的有识之士。司马迁出于对两人高尚情操的敬佩，将这两人的故事收入《史记》中。

张释之冯唐列传

公正不阿 张释之

年 代	职 位
➤ 西汉	➤ 廷尉

特 点

➤ 以秉公执法、清廉自守闻名，不畏权贵，
　　坚持法律面前人人平等

成 就

➤ 在担任廷尉期间，处理案件公正无私，深受百姓爱戴

　　张释之是堵阳县（今河南方城）人，字季，最先靠着家里钱多，买了个骑郎的官职，侍候汉文帝。但他想着，这么多年都得不到提升，这是白白浪费家里人的钱，打算辞官回家。

　　中郎将袁盎知道张释之的才能，觉得可惜，就请求汉文帝让张释之补个谒者的空缺。一次散朝后，汉文帝有心试试张释之，便和他聊了聊秦汉之际的事。聊完之后，汉文帝很高兴，任命张释之当**谒者仆射**。

皇上，张释之很有才能，不如让他做您的侍从？

朕和他聊聊再说。

袁盎

汉文帝

有一天，张释之跟随汉文帝出游上林苑。汉文帝忽然问上林苑的长官："这园林里有多少种动物啊？它们都多大了？都叫什么名字啊？"一连问了十几个问题，结果上林苑的长官东张西望，一个也回答不上来。这时，饲养员出来替上林苑的长官把所有的问题都回答清楚了。汉文帝觉得上林苑的长官靠不住，下令让张释之任命饲养员为上林苑的长官。

张释之却说："周勃、张相如都是厚道人，可这两人在讨论问题的时候，说不出一句整话，哪里像这位饲养员这么伶牙俐齿呢？过去，秦始皇就是这样，官吏们都争着表现自己，到头来，都是形式，没有一点儿用处。现在，您越级提拔饲养员，今后天下人就会效仿他逞口舌之能，不干实事了。"

汉文帝觉得张释之说得对，便没有提升这个饲养员。

回宫后，**汉文帝封张释之做公车司马令（掌管宫殿警卫的官）**。一次，太子刘启与梁王刘武乘车入宫，到了司马门也没下车，恰巧被张释之看见，张释之拦下太子，不允许他们进宫，随即给汉文帝上书弹劾太子和梁王，号称他们犯了"不恭敬"的罪过。汉文帝没让太子和梁王进宫，还升张释之为中大夫，不久又升他为中郎将。

后来，汉文帝前往自己的陵墓霸陵视察，张释之随行。汉文帝望着群山，发出了感叹："用北山的石头做棺材！用苎麻丝絮塞住棺材缝隙，再用漆涂严实，这样一定打不开了吧？"张释之心想：皇上这是在忧虑盗墓的事情啊！于是对汉文帝说："假如棺椁里有让人贪求的东西，再结实也会被打开；假如里面没有人贪求的东西，就不会有盗贼光顾。"汉文帝听后如梦初醒，打消了在死后厚葬自己的念头，还认为**张释之劝谏有功，升他为廷尉（掌管司法的最高官员）**。

此后不久，文帝出巡，经过长安城北的中渭桥。有个平民突然从桥下跑出来，惊了皇帝车驾。愤怒的汉文帝把此人交给张释之处理。张释之问完原因，向汉文帝报告，违反戒严令，应该处以罚款。汉文帝一听，生气地说："要不是我的马温顺，我不就受伤了？只判罚款怎么行？"

张释之说："按照法令应该这么判，如果您一定要重判，那法令就不能取信于民了。您若当时杀了他，也就算了。可您已经把他交给我这个廷尉了，而**廷尉的职责就是维持天下的公平**！"过了好半天，汉文帝终于说："你的判处是对的。"

又一次，有盗贼偷了高祖（刘邦）庙里神座前供奉的玉环，被官府抓到。汉文帝非常气愤，把他交给张释之审理。张释之做的处罚是判处死刑。汉文帝大怒，认为不敬宗庙，应该判灭门，而不是只按照法律条文判处。张释之问道："量刑要分轻重。如今偷宗庙的东西就要灭族，万一有人不知死活，盗掘了高祖的坟墓，该怎么判呢？"汉文帝想了半天，又回去跟太后讲了张释之的意思，最终同意了张释之的判决。

大臣们见张释之执法公正，都和他结成亲密的朋友。张释之从此赢得了天下人的交口称赞。

冯唐的逆耳之言

年 代
➤ 西汉初年

职 位
➤ 中郎署长、车骑都尉

冯唐

特 点
➤ 直言敢谏、文武兼备

成 就
➤ 以直言进谏著称，提出多项改革建议，对汉朝初期政治有重要影响

　　冯唐的祖父是战国时期赵国人。父亲搬家到了代国，汉朝建立后，又搬到安陵。**冯唐以孝顺闻名，汉文帝时，推举为中郎署长。**

　　一次，汉文帝乘车经过冯唐任职的官署，见到冯唐问他说："老先生这么大年纪了，怎么还在当郎官？您祖上是赵国人吧，那您知道赵国名将李齐吗？"冯唐回答："知道，他的指挥才能比不上廉颇、李牧，不算名将。我的祖父和李牧是好朋友，我的父亲与李齐有交情，所以我很清楚。"

他的指挥才能比不上廉颇、李牧，不算名将。

您知道赵国名将李齐吗？

汉文帝感叹："要是能得到廉颇、李牧那样的大将该多好，朕还怕什么匈奴！"冯唐直言："即使您得到廉颇、李牧，也不会重用他们。"文帝一听这话，生气地拂袖而去。

要是能得到廉颇、李牧那样的大将该多好啊！

得到廉颇、李牧，您也不会重用他们。

过了半天，汉文帝又把冯唐叫过去，责备他："您怎么能当着那么多人的面让朕难堪呢？"冯唐歉疚地说："陛下恕罪，我是个粗人，说话口无遮拦。"

陛下恕罪，我是个粗人，说话口无遮拦。

您怎么能当着那么多人的面让朕难堪呢？

当时，匈奴大举进犯边境的事让汉文帝很忧虑，又来找冯唐询问："您为何说我不能重用他们？"冯唐说："我听说古代君王派将军出征，会把出征在外的事全权交由将军决定。李牧驻守赵国边境时，用征收的税金犒赏部下，朝廷从不干预。这样他才能驾驭精兵北驱单于，大破东胡，西制强秦，南援韩魏，使赵国几乎成为霸主。"

"如今，云中郡郡守魏尚，也把征收来的税金犒赏部下，还隔三差五杀牛，宴请大家。他多次击退匈奴，令匈奴不敢靠近云中郡半步。但您却把他关进了大狱。"

大家辛苦了，犒赏大家。

魏尚

汉文帝想起这茬，大怒："魏尚谎报军功，该罚！"冯唐继续说："他手下的士兵都是从乡村而来，只知道奋力杀敌回来报功，偶尔有些小出入就严厉惩罚，应得的奖赏却不兑现，这太不公平了。由此可以看出，即使陛下有了廉颇、李牧，也不可能重用他们。"汉文帝想了想，当天就让冯唐前去赦免魏尚，并**任命冯唐为车骑都尉，掌管战车部队**。

由此可以看出，即使陛下有了廉颇、李牧，也不可能重用他们。

您说得对！就由您作为使者去释放魏尚吧。

李将军列传

李广和他的孙子李陵都是汉朝名将。李广名气更大，他英勇善战，从军四十多年，和匈奴打过七十多场战役，常常以少胜多，险中取胜，令匈奴闻风丧胆，称他为"飞将军"。

李广历经文帝、景帝和武帝三朝，历任七郡太守，始终没有封侯，这无疑是他人生中最大的遗憾。那他为什么没有被封侯呢？

司马迁把其中的原因，以及他神弓射石、巧妙用兵的故事都记述在了这篇传记中，使其成为众多人物传记中非常精彩的一篇。

智退匈奴

年 代

➤ 西汉

特 点

➤ 箭术超绝，英勇善战

成 就

➤ "飞将军"闻名匈奴

李广

将军李广，陇西（今甘肃）人，祖上是曾追击燕太子丹的秦朝名将——李信。**身材高大、两臂如猿的李广**，自幼学习骑射，**祖传的箭术绝技更是天下无敌**。

汉文帝十四年（公元前166年），匈奴大举攻打汉朝北方重镇萧关（今宁夏）。李广以良家子弟的身份报名参军，因善于骑射，斩杀敌人甚多，**被选拔为中郎（近侍官，汉代属郎中令）**。

可惜啊，你没遇上好时机。

李广常随汉文帝出猎，多次射杀猛兽。汉文帝感叹："李广，你的运气不好啊！凭你这身本事，**若赶上高祖打天下时，封个万户侯岂在话下！（如令子当高帝时，万户侯岂足道哉！）**"李广也感到可惜："唉，生不逢时，只能练练箭。"

汉景帝即位后，李广先后任陇西都尉、骑郎将、上郡太守。出任上郡太守期间，时逢匈奴大举入侵，朝廷派来一名宦官跟随李广学习军事，共抗匈奴。这天，宦官兴致高涨，带几十名骑兵外出，纵马驰骋，一不小心碰到了三个匈奴人。那三人无马，边跑边回身射箭，且箭无虚发，力道强劲。不一会儿，三个匈奴人就几乎团灭了汉骑兵，还射伤了宦官。宦官跑到李广面前讲完经过，李广猜到那是匈奴的射雕手，立即带上一百骑兵，策马急追，追了几十里，才追上他们。

把这些匈奴人斩草除根，不留后患。

李广亲自打马上前，射死两人，活捉了一人。李广在押送俘虏回程时，遭遇了几千名匈奴骑兵。士兵们惊慌失色，打算打马奔逃。这时，李广下了命令："不能跑，全部迎上去！我们人少，离营地远。跑，匈奴兵必定会追杀上来，不跑，匈奴兵会把我们当成诱敌之兵，不敢轻举妄动。"匈奴人果真被吓住了，以为是汉军的诱敌骑兵，马上跑回山上布阵，观察局势。

李广迎敌而上，走到离匈奴约二里地处时下了第二道命令：全体下马，解下马鞍，就地休息。这下，匈奴人更慌了，不知道汉军在打什么主意，便派一个骑白马的匈奴将领出阵，打探虚实。李广立即上马，一箭将他射死。匈奴大惊，认定汉军有埋伏。一直到日暮时分，匈奴人始终提心吊胆地守着山头，不敢前进一步。有人对匈奴首领说："他们一定是想等到半夜，趁我们人困马乏之际偷袭我们！"匈奴首领说："盯住他们，找机会撤。"

到了半夜，匈奴人趁着天黑，偷偷逃了。第二天一早，李广一瞧，山上没人了，便率骑兵大摇大摆地回到大营。

中国古代的弓箭

弓箭作为冷兵器时代最早出现的远程武器有着极为悠久的历史。弓箭有着极强的攻击力，神话时代就有后羿手持弓箭射日的故事。

我国古代制作弓用料讲究、工艺复杂。根据春秋战国时期《考工记》上的记载，那时的弓由六种材料组成。

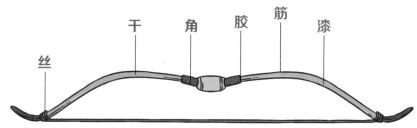

干 用来制成弓臂部分的材料，多为木材层叠而成。以柘（zhè）木为最佳，竹为最次。

角 牛角或者羊角，固定在弓臂的内侧。未长成的牛角最好，好的牛角价值甚至超过牛本身。

筋 动物的肌腱，也多采用牛筋。用来固定在弓臂外侧增加弹力，同时也用来制作弓弦。

胶 用动物皮熬制成的胶，用来黏合材料。重要的地方会用鱼胶，其他地方用兽胶。

丝 用来缠绕装好角和筋的弓臂，让弓更牢固。

漆 涂在弓上，用来防潮，保护弓。

弓所搭配的箭也有很多讲究。箭杆由直木或竹子制成，箭头由金属制成。箭头的形状和重量决定了它的杀伤力，越重杀伤力越大，甚至可以轻松穿透铠甲。但是箭头过重就会影响射程。为了提高箭的准确度，箭尾会装上鸟的羽毛。箭尾以轻为佳。

我国古代工匠制弓有着严格的要求，甚至对于制弓的时间都有限制。

冬天处理制造弓臂的木材，能自然平顺地定型。

春天处理角，容易打理。夏天制筋，筋不会纠结。

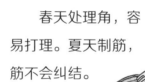

秋天将各种材料组合起来，弓不会变形。等到冬天再上漆，弓就不容易损坏。

第二年春天装上弦，但是此时的弓还不能使用，需要放置一年，让材料结合定型。

大汉飞将军

后来，汉景帝去世，汉武帝即位。

大家都认为李广是人气名将，就把他调到京城做了未央宫卫尉。另一个名将程不识被任命做了长乐宫卫尉。李广治军灵活，从不用死板的规定约束士兵，更不严格规范队列和阵式，哪里方便就在哪里宿营，晚上也不打更巡逻，只是在远处设置一些哨兵。士兵们过得无拘无束，都乐意追随李广，甘心为他拼命效力。

程不识却不一样，他是个"严谨派"将领。他在军中时，一切行动都按照规章制度严格执行。士兵们每天都要认真巡逻，军吏们通宵达旦地处理文件，全军上下忙忙碌碌。

两种治军方法，双方军队都没遇到过危险。有一次，汉军意图在马城围歼匈奴单于，但被匈奴单于识破。汉军无功而返。

四年后，李广带兵出雁门关，没多久就遭遇了匈奴主力，但寡不敌众，受伤被擒。因为李广受伤，匈奴人就把他放在两匹马之间的绳编网兜里躺着。走了几十里地后，李广先装死，然后趁匈奴兵松懈时，纵身一跳，把一个匈奴人踢下马去，又夺了他的弓。见状，几百名匈奴骑兵立刻追了上来。在这危急关头，李广充分发挥自己神射手的本事，边跑边射箭，追在前面的匈奴兵纷纷中箭落马。途中，李广还遇到被打散的汉军残部，带着他们逃回了关内。

回去之后，官员认为李广打了败仗，又被活捉，应判死罪。李广只好拿钱赎命（古代罪犯交纳财物可减免刑罚，称为"赎罪"或"赎刑"。），最后被削职为民。

你可以破财免灾！

给你，都给你。

在家赋闲时，李广就常与人比箭。有一次，李广外出打猎，听闻草丛中有动静，抬手就是一箭！随从过去一看，原来是块形状像老虎的石头，**而李广射出的箭头竟然正插在石头中**！李广又对着石头射了好几箭，却再也不能射进石头里。

在家闲了好几年，汉武帝才再次召见李广，让他去镇守边关，出任右北平（今内蒙古）太守。李广镇守边关的那些日子，把匈奴打怕了，**他们称呼李广为"飞将军"**，好几年不敢靠近右北平。

李广后来调任将军，从定襄出击匈奴。各将领因功封侯，唯独李广无功。两年后，汉武帝派李广和张骞分两路进攻匈奴。行军约几百里后，李广就遇了匈奴左贤王的四万骑兵主力，士兵们都很害怕。李广派儿子李敢率几十名神勇骑兵，策马直穿奴阵营而归，这才稳定了军心。

之后，李广命士兵布成圆阵，面向外抵御匈奴。匈奴攻势甚猛，箭如雨下，汉军死伤了大半。危急关头，李广用巨大的"大黄"弩，一连射杀了好几个匈奴的副将，终于顶住了匈奴的攻势。第二天，张骞的万人大军才赶到，匈奴见占不到便宜，这才退去。

看我为大汉再串一次"冰糖葫芦"！

收兵回朝后，李广因人马损失大半，功过相抵，没有任何封赏。李广委屈地说："唉，自大汉打匈奴以来，我没有一次不参加的。军中的下级军官因功封侯的就有几十人。我李广什么都不比别人差，始终不得封侯，这是为什么呢？是命该如此吗？"

我才能不比别人差，却得不到半点封赏，是命该如此吗？

又过了两年，汉武帝派卫青、霍去病兵分两路大举进攻匈奴。本来将帅名单上没有李广，他几次请战，汉武帝都没答应。后来，架不住李广的恳切请求，汉武帝勉强让李广做了前将军，随卫青出征，并提前嘱咐卫青："李广岁数大，又老打败仗。你看紧他，别让他跟单于作战，重蹈覆辙。"

我得防范这李老将军啊。

元狩四年（公元前 119 年），汉军出边塞以后就捉到敌兵，得知了匈奴单于的下落。李广被安排当了个"辅助"，很是不爽："我从少年时就同匈奴作战，今天才有机会与单于对决。我愿做前锋，拼死和单于一战！"卫青吼道："不准违抗军令！"

我自结发便与匈奴作战，请让我担任前锋。

李广在盛怒之下，也没向卫青辞行，就率军一头扎入茫茫的沙漠之中，结果迷失了方向。就在李广绕圈圈的时候，卫青已经打得单于主力无法招架，单于觉得形势不利，就撤兵逃跑了。

卫青此行一无所获。当卫青率领大军回师，越过沙漠之后，遇到了迷路的李广大军。回到军部，卫青派他的长史把干饭和浓酒送给李广，并问他军队迷路的情况。李广置之不理，长史又责问李广的部下，逼着他们交代事实。李广忍无可忍，拦住长史说："我的部下没有过错，军队迷路是我的责任，我自己给上头写报告。"

唯有一死以报天下百姓！

李广对自己的部下说："我从少年起，与匈奴打过七十余仗，如今有幸跟随大将军征讨单于，却被调去走迂回绕远的路，偏又迷失了方向，难道这是天意？我已经六十多岁了，不能再受那些刀笔吏的侮辱！唯有一死以报天下百姓！"

李广说完，毅然拔剑自刎。他的死讯传开后，军中将士、天下百姓，无不痛哭流泪。

司马迁有话说

《论语》有言："在上者行为端正，不用三令五申，手下也会照做。"这说的就是李广将军吧！我认识的李将军不善言谈，老实厚道像个乡下人，可他死的那天，天下人不论是否认识他，都哀痛不已。这是因为他的品格真正感动了世人啊！谚语说："桃树李树不会讲话，但摘果实的人络绎不绝，以致树下踏出一条小路。"这话正可用来比喻李广人格的伟大。

功过难评说的李陵

年代
> 西汉

职位
> 骑都尉、将军

特点
> 勇猛善战，具有卓越的军事才能

成就
> 曾率领五千步兵深入匈奴，与数万敌军激战，最终被迫投降

李广有三个儿子，分别是李当户、李椒、李敢。李当户、李椒死得早，老三李敢很厉害。在李广死的这年，李敢跟随霍去病去打匈奴，因功被封为关内侯。听说父亲含恨而死，李敢怨恨卫青，趁其不备打伤了卫青。卫青将这件事隐瞒下来，没有声张，但外甥霍去病可咽不下这口气。在一次射猎活动中，霍去病乘机射死了李敢。

当时，霍去病正受宠，汉武帝就把这事瞒了下来，说李敢是被鹿撞死的。之后，李氏家族渐渐走了下坡路。**李广的孙子名叫李陵，同样精于箭术，做了骑都尉（皇家卫队羽林军长官）。**

百发百中！不愧是飞将军的孙子！

天汉二年（公元前99年）秋，汉武帝派将军李广利带三万骑兵去攻打匈奴。同时，他派李陵带着五千步兵射手，去分散匈奴人的兵力，给李广利减减压。结果，李陵正要回师时，遭遇匈奴单于八万大军的围追堵截。

李陵接连战斗了八天，箭射光了，士兵死了大半，但杀伤匈奴也有一万多人。最后，李陵弹尽粮绝，迟迟等不到援兵，被匈奴兵围困在一个狭窄的山谷里。

李陵内心很纠结："事到如今，就算能够生还，我也没脸再见皇上了！何必再让部下白白送死呢？" 他最终选择了投降，他的五千人马只剩四百人得以逃回。单于仰慕李家的名声，又见李陵勇敢，就把女儿嫁给他。汉武帝得知后，杀了李陵全家。李家的名声也从此败落。

中原北方有一个游牧民族——匈奴。西汉时，匈奴的首领冒顿统一了各个零散的部落，实力大增，屡次进犯中原。西汉与匈奴时战时和。这篇就是记录匈奴文化习俗和历史的传记。

文中不仅讲述了匈奴的生活方式，也记录了西汉对待匈奴政策的变化。

匈奴列传

匈奴的风俗

年　代
▶ 战国末年

能　力
▶ 善养牲畜

成　就
▶ 第一任匈奴王

头曼

匈奴人是夏朝的遗民，祖先叫淳维，他们居住在北方蛮荒之地，过着游牧生活。匈奴人驯养各种动物，除了马、牛、羊，还有骆驼、驴、骡子……他们没有城市和定居点，没有农业，只有各自的领地。匈奴人没有文字、书籍，只有语言。

他们精于骑射，自孩提时起就会骑羊、拉弓射鸟、鼠；稍大一点儿就能射狐狸、兔子之类的小动物，当作食物。而成年男子都会披挂铠甲，身骑战马，个个箭术精湛。平时，以游牧为生；战时，人人全副武装，以便可以随时奔袭掠夺。

百发百中！

匈奴人从首领到平民，全是以食肉为主，穿兽皮，披毛袄。强壮的人吃肥美的食物，老年人只能吃残羹冷炙。他们有名，但没有姓和字。

羊身上全是宝，吃的、穿的都有了！

周朝时，匈奴逐渐壮大，经常南下中原，打家劫舍，靠近边境的诸侯国不堪其扰。不过，也有像赵国这样的国家，学习匈奴骑马射箭的本领来增强自己的国力。

战国末年，匈奴出现了一个首领，叫头曼单于。秦国忙着吞并六国之际，头曼乘机率兵渡过黄河，攻占了不少土地。

秦朝建立后，秦始皇派大军把匈奴赶到了黄河以北。秦朝沿着黄河建起四十四座城，把犯人迁到那里守卫边疆，防范匈奴。后来，秦始皇又组织了大规模的"筑城运动"，将之前其他诸侯国修的长城连起来，建起了"万里长城"。

从淳维到头曼，经历了一千多年，匈奴的势力时大时小，经常离散分化。到头曼的儿子冒顿当单于时，匈奴的势力最为强大。

匈奴王 冒顿

年　代

➤ 秦末汉初

特　点

➤ 雄才大略

成　就

➤ 灭东胡，征服楼烦等国，称霸草原；夺
取河套地区，统一匈奴各部

头曼单于的太子叫冒顿。后来，头曼宠爱后娶的阏氏（yān zhī，王后或妃子的称呼），想废掉冒顿，改立后妻生的小儿子为自己的继承人。

冒顿仇恨父亲，决心夺权，发明了鸣镝（响箭）来训练部下，他命令道："今后，凡是我的响箭所射的目标，你们也要跟着射击，不射者斩！"冒顿首先用响箭射鸟兽，有人不跟着射，就会被杀。不久，他又射自己的爱马，有人不敢射，冒顿又把他杀了。过了些日子，冒顿又用响箭射自己的爱妻。他的手下非常害怕，不敢射，冒顿又把他们全杀了。

那是您的爱马啊……我们不敢……

怎么不按我说的做？斩！

然后，冒顿用箭射父亲头曼的坐骑，手下没有不跟着射的。最后，冒顿将响箭瞄准了自己的父亲……就这样，冒顿夺了权，做了单于。之后，他设置了左、右贤王等大大小小二十四位长官，这些人各有领地和百姓。匈奴治理用重刑，百姓都不敢犯罪，民风得到整治，犯人的数量屈指可数。

匈奴人作战时，谁缴获的战利品就归谁，谁抓的俘虏就做谁的奴隶。所以，在打仗时，匈奴人如一群狼，不用分配任务，每个人都会主动搜索目标。为了防止士兵在作战时遇到危险就迅速瓦解，四散而逃，匈奴人规定：作战时，谁能将战死同伴的尸体运回来，就可得到他的全部家财。

当时，东边的东胡正强盛，见冒顿刚即位，就派使者来试探冒顿，来向他索要千里马。冒顿特意召集群臣商议。群臣坚决地说："千里马是匈奴的名马，凭什么给他们？！"冒顿却说："与人家是邻国，应该友好相处。干什么要吝惜一匹马呢？把我最好的千里马给使者带回去！"

东胡以为冒顿好欺负，于是得寸进尺，又派使者来要冒顿的一个阏氏。群臣大怒："太过分了！千里马还不够，这次竟敢要您的爱妻，出兵灭了他们！"冒顿不在乎地说："同人家是邻国，怎可以吝惜一个女人呢？把我最宠爱的阏氏送给他们！

东胡得到冒顿的阏氏后，愈发嚣张起来，又找冒顿要起东胡和匈奴之间有千余里的荒芜地区来。群臣这回自以为学聪明了，顺着前两次冒顿的意思说："那是块没用的空地，给也行，不给也行……"

"胡说"，冒顿怒气冲冲地继续说："土地乃国之根本，怎能轻易给别人？来人，把说给的，都拉出去砍了！"

接着，冒顿领兵东进，一举兼并了因轻视匈奴而没做防备的东胡，掠得了大量百姓、牲畜和财产。消灭东胡后，冒顿又打跑了西边的月氏，**吞并南边的楼烦和白羊河南王**，收复了秦朝从匈奴人那里夺去的土地，与汉朝以河南塞为界。

司马迁说：唉，冒顿之所以能称霸北方，还不是因为这时刘邦正与项羽的大军混战，中原地区被战争搞得疲惫不堪，无暇西顾。

刘邦与项羽大军混战，给了冒顿机会啊。

司马迁

这时汉朝刚刚平定下来，不断膨胀的冒顿又开始南下，给刚刚建立的西汉带来巨大的威胁。汉高祖亲率大军征讨匈奴，正逢冬天严寒下雪，没跟匈奴交过手的刘邦，一下出动了全部军队，共三十二万人马，其中多半是步兵，他自己更是轻敌冒进，带着轻骑率先赶到平城（今山西大同）。结果，匈奴残兵突然不见了，刘邦这才知道自己中计了！

先前的那些匈奴残兵突然不见了！

原来，这是冒顿布下的天罗地网——在老弱病残身后藏着四十万精兵。**中计的刘邦边打边退，最后被围困在平城东面的白登山上。**一连七天七夜，汉军都无法突围，饥寒交迫、危在旦夕。刘邦暗中派使臣给阏氏送上厚礼，让她劝冒顿退兵。

阏氏答应了，去找冒顿，说："两国君主不应互相伤害，现在汉帝被困山上，汉人不会善罢甘休的！就算您打败了他们，夺了城地，也无法长期驻守。万一灭不了汉帝，等救兵一到，内外夹攻，我们就危险了。我们围了七天也未成功，想必那汉帝有神灵相助。您又何必违背天意呢？"

我们即使占了汉朝土地，也没法久住，不如……

冒顿采纳了阏氏的建议。第二天清早，他下令将包围圈撤去一角，放汉军出去。刘邦令弓箭手拉满弓，箭指匈奴兵，逃下山去。刘邦好不容易逃出虎口，自知无力对抗匈奴，就派刘敬去与匈奴和亲。

快撤！快撤！

后来，汉朝的一些将领投降匈奴，冒顿常常来攻打边境。刘邦将公主送了过去。冒顿果然很高兴把她立为阏氏。汉朝每年还送给匈奴一些布料、酒、米等物资。此后，两国结为兄弟之邦，一段时间内相安无事。

公元前 174 年，冒顿去世，他的儿子老上单于即位。

司马迁有话说

世俗谈论匈奴问题的人，大多是为了迎合皇上的心思，却不认真思考汉朝、匈奴的实际情况。那些征讨匈奴的将帅，若只依仗汉朝广阔的土地和高昂的士气，建立的功业必定不会深远。尧虽圣明，也是得到大禹的辅佐后，才平定的天下。可见，想建立帝王功业，必须谨慎地选择将相啊！

千金难求的汗血宝马

汗血宝马，本名阿哈尔捷金马，属于热血马的一种。这种马耐力强、速度快，有"日行千里"的传说，故被称作"千里马"。又因为这种马皮薄毛细，奔跑起来毛细血管血流量增加而皮肤泛红，背部流汗潮湿后像流血一样，又被称为"汗血宝马"。

汗血宝马的最快纪录是84天跑完4300千米平地，跑1000米仅需1分7秒。

皮薄毛细

力量大、速度快、耐力强

头高颈细

步伐轻盈

四肢修长

现在世界上汗血宝马仅存3000匹左右，每匹价值数千万元，被土库曼斯坦视为国宝，印在了国徽和货币上。

西汉时，汉武帝听张骞描述在大宛国见到的汗血宝马，非常喜欢。命人打造了一匹纯金的马去换汗血宝马。谁知大宛国王也爱马如命，拒绝把马换给汉武帝。汉武帝派兵攻打大宛国，大宛国王才同意给汉朝提供良马。

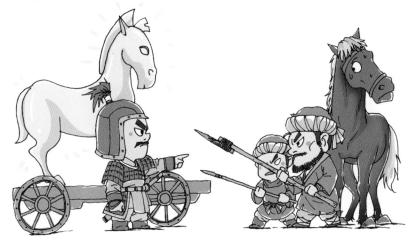

引进的汗血宝马令汉武帝非常高兴，但是汗血宝马虽然速度快、力量大，可体态纤细优美并不适合做军马。于是，汉人又让汗血宝马与蒙古马等宝马杂交，培育出体型高大战斗力强的山丹军马。据说，敌人的战马看到威猛的汉朝军马都会吓得不战而退。

卫将军骠骑列传

　　这篇故事是汉朝两位大将军卫青和霍去病的合传，记录了两人多次征战边疆，名扬大漠的传奇一生。

　　卫青军事才能出众，七次指挥大军进攻匈奴，七次大胜。他虽然立功无数，位高权重，还依然谦逊待人，受到后人的称颂。

　　霍去病是卫青的外甥，用兵果敢，擅长指挥骑兵远程作战，六次北伐，六次立功而归。只可惜他年纪轻轻就得病而亡，是中国历史上著名的少年英雄。

从奴隶到将军

年代
▶ 西汉

能力
▶ 军事才能杰出

成就
▶ 偷袭龙城，收复河朔、河套地区，击败匈奴，封爵"长平侯"

卫青

大将军卫青，平阳（今山西临汾）人，他的父亲叫郑季，是县中小吏，本有家室。在平阳侯家当差时，他认识了平阳侯家中婢女——卫媪，随后生了卫青。

小时候，卫青在平阳侯家当仆人。稍大一点儿，他就去跟着父亲郑季生活，当放羊娃，受尽了苦楚。郑家的孩子视卫青为奴仆，不把他当兄弟看待。就在这样的艰难困苦中，卫青渐渐成长为挺拔、英俊的男子汉。

成年的卫青不愿再受郑家奴役，就回到平阳侯府，当上了平阳公主（汉武帝的亲姐姐，嫁给了平阳侯曹寿。）的骑奴。他聪明好学，很得公主垂青。

汉武帝建元二年（公元前 139 年），卫青的姐姐卫子夫进宫，很受汉武帝宠爱。卫子夫受宠，很快有了身孕，这让长期被冷落的皇后陈阿娇很是嫉妒，就派人去逮捕卫青。于是，皇后的母亲大长公主派人绑架了卫青，准备杀掉他。幸亏卫青的朋友骑郎公孙敖（西汉将领，曾随李广讨伐匈奴，后因延误战机被贬为庶民。）带人及时赶到。汉武帝得知后召见卫青，给他加官并赏赐多达千金。卫青平步青云，他的亲戚也都跟着发达起来。

卫青
威震匈奴

　　元光五年（公元前 130 年），匈奴兴兵南下，直指上谷（今河北怀来）。汉武帝分兵四路迎击，他命卫青为车骑将军，直出上谷；公孙敖为骑将军，从代郡（今山西大同、河北蔚县一带）出兵；公孙贺为轻车将军，从云中（今内蒙古托克托东北）出兵；李广为骁骑将军，从雁门关出兵。**四将军各领一万人出塞，只有卫青取得战果，一直打到匈奴的大本营——龙城。**

　　元朔二年（公元前 127 年），匈奴集结兵力，攻打汉朝边城。汉武帝派卫青突袭匈奴防守薄弱的"河南地"（今内蒙古河套地区），赶跑了盘踞在"眼皮底下"的匈奴，解除了匈奴对长安的直接威胁。汉武帝封卫青长平侯，食邑三千八百户，然后在河南地设立朔方郡，招募百姓过去定居，建立进一步进攻匈奴的前方基地。

太好了！封卫青为长平侯，赐食三千八百户！

匈奴不甘失败，一心要夺回朔方，几年内，多次举兵南下。元朔五年（公元前124年）春，为了守住朔方，汉武帝以攻为守，发兵十余万，进攻盘踞漠南、实力更强大的匈奴右贤王。

右贤王得到消息后，认为自己离得远，汉军的马又是出了名的慢，就放松了警惕，纵酒狂欢。结果，卫青给了他一个大大的"惊喜"，急行军狂奔几百里，悄悄包围了右贤王。慌乱之中，右贤王带着一个美妾和几百精壮骑兵连夜逃了。大喜过望的汉武帝拜卫青为大将军，加食邑八千七百户，还封赏了随卫青征战的众多将领。

元狩四年（公元前119年），为了彻底击溃匈奴主力，汉武帝举全国之力，兵分两路，远征漠北。

卫青奔袭千里，跨过大沙漠，与匈奴大部队相遇，他临危不乱，沉着应对。待稳住阵脚后，卫青又命五千骑兵纵马奔驰，抵挡匈奴。战至黄昏，暴风骤起，沙石扑面，敌我难分。于是，单于坐着六骡专车，在几百精骑护卫下突围北逃。卫青一路追击，一直打到赵信城（约在今蒙古杭爱山以南），缴获了匈奴大量粮草，补充军用。

可恶的卫青，穷追不舍地追赶。

至此，匈奴受到重创，远逃西北，再无力南下。卫青战功赫赫，却为人宽和温柔，谦虚本分，从不炫耀权势、争功夺利，从不搞阴谋诡计，从不结党干预朝政。这也正是从来没人诽谤、陷害他的原因吧。

少年英雄 霍去病

霍去病

年 代

➤ 西汉

能 力

➤ 英勇善战，军事突出

成 就

➤ 打通河西走廊，河西受降，漠北之战
封狼居胥，获封"冠军侯"

　　霍去病的身世与卫青相似，他的母亲是卫青的姐姐卫少儿，在侯府做婢女时与小吏霍仲孺私通，生下了霍去病。

　　元朔六年（公元前123年），十八岁的霍去病做了汉武帝的侍中。霍去病精通骑射，随卫青出征匈奴。卫青拨给他一些壮士，任命他为骠骑校尉。**霍去病带着卫青拨给的八百精骑，甩开大军几百里，去奇袭匈奴。**第一次作战，霍去病就功盖全军，斩获匈奴二千多人，杀死单于叔祖，活捉单于叔叔。汉武帝一高兴，封他为冠军侯，赐食邑一千六百户。

你们怎么找到这儿的?

有他在，很好找。

张骞

经过几轮较量，匈奴是节节败退，单于远遁大漠以北。河西一带的匈奴军队陷入孤立无援之境，汉武帝趁机发动了河西之战。

元狩二年（公元前 121年）春，霍去病被任命为骠骑将军，独领一万精骑出征，他充分发挥骑兵的机动性，如同一把利剑，六天之内，连破匈奴五部，打了一场漂亮的大迂回仗。匈奴的卢侯王、折兰王战死，浑邪王子

这个霍去病，简直是我命中的克星啊！

匈奴单于

及相国、都尉被俘，八千九百余人阵亡，休屠部落的祭天金人也成了汉军的战利品。

同年夏天，汉武帝决定不给匈奴喘息的机会，展开了第二次河西之战。他又命霍去病与公孙敖指挥数万骑兵分路进军。但公孙敖贻误军机，没赶上霍去病的军队。

霍去病果断决定按计划作战自己带军深入。这一次，他打得更远，越过居延海，打到祁连山，俘虏了酋涂王。不仅如此，这次匈奴损失三万多人。五位王爷，五十九位阏氏、王子，以及六十三位相国、将军、当户、都尉都被俘虏，祁连山失守。

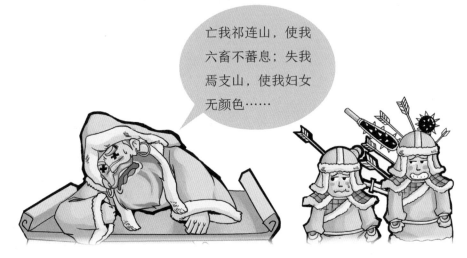

亡我祁连山，使我六畜不蕃息；失我焉支山，使我妇女无颜色……

从此，霍去病人气高涨，地位很快就和卫青差不多了。

匈奴单于得知浑邪王一败再败，十分恼怒，打算把浑邪王召回去杀了。浑邪王害怕，带着几万人马向汉朝投降。汉武帝担心有诈，派霍去病带兵前去边境迎接他们。

我带兵前去"迎接"浑邪王，随机应变。

我担心他们在诈降……

霍去病带着汉军刚渡过黄河，浑邪王的部将望见汉军就发生了哗变，很多人临阵逃走。眼看局势失控，霍去病当机立断，率精兵奔入敌营，斩杀八千多逃亡者，迫使匈奴部众稳定下来。浑邪王独自坐着汉朝的专车，直奔长安而去。霍去病押着数万匈奴部众渡过黄河，顺利地回到了汉朝。河西走廊从此便被并入汉王朝。

我这就与您进京，听从天子发落！

元狩四年（公元前 119 年），**汉武帝为消灭匈奴主力，分兵两路，发动了规模空前的"漠北之战"**。霍去病也迎来了他人生中最辉煌的一战，他率五万骑兵，轻装进发，奔袭一千多里追击匈奴主力，在狼居胥山（今蒙古乌兰巴托以东）祭天，到姑衍山（今蒙古肯特山以北）祭地，登临翰海（今俄罗斯贝加尔湖）。

竭尽全力，消灭匈奴！

此后，霍去病的风头完全盖过了大将军卫青。霍去病寡言少语，诚实可靠，气度不凡，敢作敢为。汉武帝打算教他孙吴兵法，霍去病说："作战时要根据实际情况制定方针策略，臣不必学习什么兵法。"汉武帝为他修建府第，让他去看，霍去病又说："匈奴未灭，何以家为？我不要！"从此以后，汉武帝更加喜爱和重用骠骑将军霍去病。

我赐你一座豪华府邸如何？

匈奴未灭，何以家为？

豪气冲天，真是英雄啊！

不过，霍去病少年得志，尊贵惯了，不太爱惜士兵。霍去病大军出征时，汉武帝派宫中主管膳食的太官，送给他几十车食物。班师时，没吃完的米和肉都被霍去病扔掉了，而士卒还有忍饥挨饿的。在远征途中，大军常常缺粮，有的人饿得站不起来，而霍去病还下令修建临时球场，供自己踢球玩耍。而卫青却为人宽厚，善待士卒，常与士卒同甘共苦。

元狩六年（公元前117年），就好像使命完成了一样，霍去病逝于长安。悲痛不已的汉武帝将他葬在自己的陵寝茂陵旁边。

苏建曾对我说："我曾建议
卫青大将军多多招揽人才，举荐
名士，以提高自己的威望，但被
大将军拒绝了。他认为，招贤纳
士是天子才拥有的权力，为臣者
只要遵纪守法，做好本职工作就
行了。"霍去病也是这样做的。

南越列传

　　南越国是西汉时期南方的一个小国。秦朝将领任嚣与赵佗带兵征服了岭南，便留下治理，和当地人民一起躲过了秦末汉初的战乱。任嚣去世后，赵佗潜心治理，建立南越国，后来又归顺汉朝，自建国到灭亡，其只经历了短短五代君主。

　　虽然南越国地处偏远，但得天独厚的地理优势却让它逐渐发展为一个繁荣的小国。司马迁也将南越视作汉朝国土的一部分，用这篇传记记录了它不长的历史。

赵佗建立南越国

年 代
▶ 秦朝末年至西汉初年

特 点
▶ 政治远见、文化融合
倡导者

成 就
▶ 建立南越国，推行民族融合政策，促进岭南地区
文化与经济发展

赵佗

　　南越王赵佗，赵地真定（今河北正定）人，奉秦始皇之命，辅佐将领任嚣率五十万大军平定岭南，并将一些罪犯、乱民迁居至此。后来陈胜、吴广起义，中原陷入战乱，岭南地处偏远，反而平安无事。后来，任嚣病重，把大权交给赵佗并嘱咐他："暴秦无道，天下苦之……岭南地势险峻，南北东西数千里，你可据之自立为王。任嚣死后，赵佗遵照他的谋划，封关绝道，筑起三道防线，聚兵自卫。

　　秦朝灭亡，赵佗又趁机兼并了周边地区建立南越国，自称"南越武王"。此后，他潜心治理南越，大力输入中原文明，废除了很多惨无人道的制度。

我们拥有数十万
军队，保卫自己
小事一桩！

赵佗归汉

刘邦平定天下后，因中原百姓长期苦于战事，就没有对南越用兵。汉高祖十一年（公元前196年），**刘邦派陆贾出使南越，承认赵佗的王号**，并和他继续保持南越地区各族间的友好和平，与他互通有无，不要制造乱子，还要与北邻长沙国搞好关系。

百越与汉朝若和平相处，咱们还可以通商，互通有无。

陆贾

刘邦去世后，接掌政权的吕后听信谗言，中断了和南越的通商往来。赵佗觉得吕后听信小人的挑拨，歧视南方人，不卖给他们东西，是长沙王出的主意。因为长沙王想吞并南越，到汉朝人那里请功。"于是，赵佗立即宣告独立，自称南越武帝，攻打与南越接壤的汉朝长沙国边境城邑，大胜。

我们一起打下这座城。

过了一年多，吕后去世，南越则贿赂闽越、西瓯和骆越等归顺，疆域竟拓展至东西一万里之广。刚刚即位的汉文帝派使者到周围的各个小国宣传大汉王朝的盛德，到真定给赵佗父母的坟墓划出了一块地盘，派专人保护，逢年过节按时祭祀，又把赵佗老家的兄弟们找来封以高官，赏以厚礼。

之后，汉文帝又派使臣前往南越，责备赵佗连个招呼都不打就敢擅自称帝。结果，使臣刚到南越，赵佗就给文帝上了一封认错奏章，里面说："其实也不是我想称帝，但东西小国的君主都称了王，我若不称帝，会被看不起的！只不过是让自己高兴罢了，哪敢正式地去向天王说呢！"

赵佗从此再没背离过汉朝，双方和好如初。他一直活到汉武帝年间才去世，终年一百零六岁。之后，赵佗的孙子赵胡继为南越王，赵胡的儿子是婴齐，赵胡和婴齐分别被汉朝加以文王和明王的谥号。但婴齐为王后，一直拒绝进京朝拜天子。

造反失败的吕嘉

年　代
➤ 西汉初年

能　力
➤ 权势显赫

成　就
➤ 南越国丞相，影响南越国政局，因反对
归属汉朝而发动叛乱，导致南越国灭亡

　　吕嘉是南越国丞相，曾辅佐赵胡、赵婴齐、赵兴三位南越王，晚年多次反对南越向汉朝称臣。赵佗的玄孙赵兴当上南越王后，汉朝派使臣安国少季前去规劝赵兴和王太后，让他们按内地诸侯的规矩，进京朝拜天子。

南越太后是中原人，而且与安国少季早有私情，因此满口答应，但南越人大多不服。丞相吕嘉是三朝老臣，势力很大，就从中阻挠。太后怕吕嘉先下手，就安排酒宴，想借汉使的权势，杀死吕嘉。酒宴中，太后一再想法激怒汉使，但汉使犹豫不决终究没敢动手杀吕嘉。吕嘉看出端倪后，就溜之大吉了。

吕嘉逃回家后就托病不出，暗中准备叛乱，但顾念南越王并没杀自己的意思，也就一直按兵不动。

汉武帝听说此事后，觉得南越国王、太后都是主张归附汉朝的，只有丞相吕嘉作乱，似乎用不着发大兵征讨，便只派将军韩千秋率两千人去杀吕嘉。结果，韩千秋全军覆没，南越王赵兴、王太后和汉使安国少季也全被吕嘉杀死。

之后，吕嘉擅立赵建德为王，一面用好听的骗人话向汉朝请罪，一面又派军队驻守要害地方，积极备战。汉武帝闻讯果然大怒，派出由罪人与水军组成的十万大军，分五路讨伐南越。南越兵败，吕嘉和赵建德连夜同几百部下逃入大海，乘船西去，不久就全被俘虏了。传国五世、历时九十三年的南越国就此灭亡，成为汉朝的南海郡。

司马迁有话说

赵佗得以称王，只是由于任嚣的提拔和劝说，又赶上汉朝天下初定，幸运地被封为诸侯。后来国家被灭，导火索竟是吕嘉小小的忠诚。看来，成败的运数真是难以预料啊。

张骞出使西域，途经多个国家，而大宛是其中最为有名的一个。张骞归来后，将所见所闻讲给大家，司马迁将其记录下来写成了这篇传记。

这里记载了这些国家的地理、军事和风俗文化，也记载了张骞开辟"丝绸之路"的故事。

张骞
通西域

年　代
> 西汉时期

特　征
> 坚韧不拔，探险精神

成　就
> 开辟丝绸之路，封博望侯

张骞

中国最早发现大宛的人，是奉汉武帝之命出使月氏的张骞。

有一次，汉武帝从匈奴战俘口中得知，匈奴和月氏国有仇。月氏国的人们逃亡到了他乡，想复仇，但缺少盟友。汉武帝一听这话，立刻就想派人去和月氏人联络。但是去月氏必须经过匈奴，旅途非常危险。于是，汉武帝就公开招募使者。郎官张骞自告奋勇报了名。

谁敢跨过匈奴，出使月氏？

汉武帝

我愿意去。

136

公元前 139 年，张骞、甘父（原匈奴奴隶）率领百余人从长安出发，开始了艰苦伟大的西行之旅。

不过张骞使团不大走运，当他们沿河西走廊西行时，就被匈奴俘虏了，被押送到了单于那里。单于把他们扣留了下来，说："月氏国在我们北方，汉朝怎么能派使者前去呢？如果我们要派人横跨汉朝去越国，你们肯吗？"

时光飞逝，十多年过去了，张骞娶了匈奴人为妻，生了孩子，但他一直没忘记自己的使命，始终保留着汉朝使者的符节。时间一长，匈奴对张骞的看管慢慢松懈了，他便趁机联合甘父等人，逃出了匈奴。

他们向西跑了几十天，来到一个富饶美丽的国家——大宛。大宛王听说汉朝钱物丰富，早想与汉朝沟通，却未成功。如今见到张骞，非常高兴。

他们问张骞说："您到我国有何贵干呢？"张骞回答说："我为汉朝天子出使月氏，却被匈阻拦。今天逃到了这里，想完成使命。若能顺利完成此次出使，汉朝肯定会送给您数不清的财物。"大宛给他配了向导和翻译，打发张骞上路了。

好说，好说。

若顺利完成出使，汉朝赠您数不尽的财物。

张骞一行穿过康居，终于到达大月氏。但是大月氏现在离匈奴太远，出兵不易；所住之地物产富饶，安居已久，根本没有联合汉朝向匈奴复仇的心思。张骞在月氏住了一年多，终究没有得到国王的明确答复，便准备回国了。这次他是从天山南路回国，不料在半道上又被匈奴人抓住了。

大汉天子想与你一起攻打匈奴，你可愿意。

百姓安居此处已久，不愿回去了啊。我考虑考虑你的提议。

月氏王

又过了一年多，老单于死了，匈奴发生内乱，张骞这才得以带着他的妻儿和甘父一起逃回汉朝。汉朝封张骞为太中大夫，封甘父为奉使君。

图书在版编目（CIP）数据

轻松读史记 . 秦汉名将 /（西汉）司马迁著；洋洋
兔编绘 . -- 北京：北京理工大学出版社，2024. 8
（启航吧知识号）
ISBN 978-7-5763-4349-6

Ⅰ . K204.2-49

中国国家版本馆 CIP 数据核字第 2024WP3157 号

责任编辑：王琪美　　文案编辑：王琪美
责任校对：刘亚男　　责任印制：王美丽

出版发行 / 北京理工大学出版社有限责任公司
社　　　址 / 北京市丰台区四合庄路 6 号
邮　　　编 / 100070
电　　　话 /（010）82563891（童书售后服务热线）
网　　　址 / http://www.bitpress.com.cn
经　　　销 / 全国各地新华书店
印　　　刷 / 北京尚唐印刷包装有限公司
开　　　本 / 710mm×1000mm　1/16
印　　　张 / 8.75
字　　　数 / 200 千字
版　　　次 / 2024 年 8 月第 1 版　2024 年 8 月第 1 次印刷
定　　　价 / 36.00 元